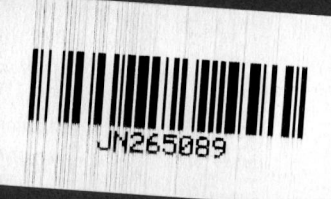

その敬語では
恥をかく!

井上史雄

PHP

目　次

［第1部　謙譲語］

［第2部　尊敬語］

第4章　使いすぎ注意の尊敬語

第5章 間違いやすい尊敬語

第6章 ちょっとお粗末な尊敬語

［第3部　丁寧語・美化語・その他］

第7章　使い方注意の丁寧語

第8章　「お・ご」の使い方と美化語

第9章 最近見られる要注意の表現

終章　敬語の分類

まえがき

敬語は社会人としての常識とされている。使いこなせない人は、ときには教養を疑われ、ときには相手に不快感を与える。間違って使っても注意してもらえず、冷笑を受けるだけという場合もある。

きちんとした敬語を身に付けるには、一つは「人の振り見て我が振り直せ」で、気をつけるしかないが、注意力が行き届くとは限らない。積極的に敬語指導書を読む必要がある。わざわざ言うまでもないらしく、文化庁(2002)の世論調査によると、国民の3割近い人が「手引書などを参考にして、正しい敬語や言葉遣いを心掛ける」と答えている。

この本は、**新社会人**を頭において、書いた。今は大学生でも敬語はおぼつかない。バイトでもすれば「マニュアル敬語」「コンビニ敬語」「ファミコン（ファミリーレストラン・コンビニ）敬語」「バイト敬語」と言われるものを身に付けるが、「～でよろしかったでしょうか」「～のほうをお持ちしました」「～になります」「～円からお預かりします」を連発して、ひんしゅくを買う。

忙しい人が読者と考えて、それなりに気を配って、効果的に学習できるようにした。

基本的には**間違いやすい例**を第1部に出した。世論調査などで一般人に非難されるもの、受容されないものを最初に扱う。忙しい人は最初の部分だけでも読んでいただきたい。または正解だけの拾い読みでもいい。いわば敬語促成栽培、敬語の一夜漬けもできるように書いた。本を読む習慣がないとか、最初の部分だけ読んであとは「積ん読」になる傾向の人にも、学習効果が高いはずである。

本書は序章と終章にはさまれた形で、3部からなり、中がそれぞれ3章に分かれる。三三九度のような構成である。

まず序章では、敬語の基本をまとめた。

第1部では**謙譲語**を取り上げる。これはやや難しいが、間違ったら困るし、非難されることでは筆頭にあがる。本を読み通すことができない人にも、ここだけはお勧めである。

第2部では**尊敬語**、第3部では、**丁寧語**について書いた。非難・不快の度合いが、謙譲語の誤用より少ない。しかし世論調査を踏まえて考えると、将来広がりそうな言い方もあり、問題になる敬語がかなりある。

終章では、理論と例え話の両面を使って、敬語のとらえ方を説いた。文化審議会（2007）「敬語の指針」の位置づけをも含む。

第1部から第3部までの項目の選定には、**効率性・経済性**を考慮に入れた。読んですぐ効果の上がる項目を優先した。

本書では、原則として**クイズ形式**をとって、オーソドックスな言い方を○にし、類書の多くで誤用としている言い方で、かつ筆者もそのように考えているものを×にした。しかしまた、新しく現れた言い方を機械的に×にはできず、△で中間段階を示すことにした。人によって判断が違うし、使用率以外に将来認められる可能性などを考慮すると、判断が厄介だ。

敬語についての前著『敬語はこわくない』とは執筆態度が違う。前著では、敬語を受けとめる側、聞く側の心得を書いた。誤用と言われる現象を指摘しては、その合理性や発生理由を説明し、「他人にはゆるやかに」というとらえ方を勧めた。文章の何箇所かが大学入試などに出題されたが、いずれも大らかな姿勢を推奨した部分だった。しかし前著は、在庫切れになった。具体的な問題敬語についての一刀両断の答えを期待する人には、物足りなかったらしい。

本書では、逆に**敬語を使う側、話す側の心得**に重点をおいた。「自らには厳しく」「君子危うきに近寄らず」「李下《りか》に冠を正さず、瓜田《かでん》に履《くつ》を納《い》れず」の類で、誤用・正用の境界例は、思い切って×または△にした。相手を不快にしたり、無教養と誤解されたりしそうな言い方を使わない、という方向である。正当な敬語を使っていれば、新入社員も心配ない。新しい敬語は自然に覚えるという態度である。

従って、×の中には、そろそろ許容していいものもある。また△は許容だが、人によりとらえ方が違うと見る。

末尾に**索引**を付けたのが役立つと思う。できれば、座右において参照していただければと思う。

また「8-8参照」「(4e参照)」のように、相互参照を丹念に付けた。丁寧にたどると、敬語の歴史、変化の道筋がたどれるはずである。敬語の実用書というのは、実は世を忍ぶ仮の姿。本書では、現代敬語の動きを理論的に位置づけようとした。そのエッセンスは終章4である。

敬語コンプレックスが、若い世代にあるようだ。世論調査によると、老年層は敬語に自信のある人が多いが、これは、自分が目上扱いされて、他の目上に言及する機会が少ないから、または退職して、目上・目下という社会関係が希薄になったからと思われる。あまり敬語を気にしないだけの話である。大部分の日本人にとっては敬語は難関である。

さあ、以下のクイズに挑戦して、自分を位置づけしてみよう。一度読んだら、今度は目次だけを見て、身に付いたか確かめることもできる。

2007年3月吉日

井上　史雄

序章 現代敬語の基礎知識

序章1 敬語の3分類

この本では、文法用語を使わずに説明しようと考えたが、執筆しているうちに、敬語の3分類だけは、前提として覚えてもらうほうがいい、と気づいた。中学校や高校の敬語の授業でも3分類は教えるし、この区別を心得れば、実社会で敬語の使い方に困ったときも、自分で判断できる。

以下の3分類は基本である。

尊敬語　　謙譲語　　丁寧語

「尊敬語は目上の人や自分の側に属さない人を高める言い方」、「謙譲語は目上の人や自分の側に属さない人に対して、自分側をへりくだって表現する言い方」、「丁寧語は聞き手に配慮した言い方」である。

尊敬語と丁寧語は「高める」という点で共通性がある。謙譲語は自分の側を「低めて」、つまりへりくだって、表現することで相手側を高めるという点で、他と違う。

ところがもっと大事なことは、「**尊敬語と謙譲語**は話題の人物についての言い方」で、「**丁寧語**は聞き手への言い方」ということである。だから尊敬語と謙譲語は、その場に居合わせない第三者を話題にするときにも使う。

例えば、部下と話していて、

「恐れ多くも前会長の**お作りになった**機械だ」

と、今はいない前会長に尊敬語を使うし、

「前会長のお孫さんに**お見せ**しなさい」

と、話題に出たこどもにも謙譲語を使う。その一方で

「雨だ」「雨が降っている」

という客観的事実でも、話し相手が目上とされるときには、

「雨**です**」「雨が降ってい**ます**」

と丁寧語を付ける。

実は個々の誤用・正用の説明は以上の３分類の用語を使わなくてもできるが、類例をまとめて説明するときに便利なので、本書を３部に分けるときに、使うことにする。

なお文化庁文化審議会（2007）の「敬語の指針」で敬語を細分化して５分類にしたが、個々の具体例が覚えにくいので、この本ではできるだけ使わないですます。本書末尾でこれに関連した解説を加える。５分類にするとどこが分かりやすく、どこに難点があるかは、のちにあちこちの解説文（4fなど）で指摘することにし、詳しくは終章１と終章４で、理論的にまとめる。

第1部 謙譲語

謙譲語　話し手（書き手）が、自身および自身の側の物や動作を、他に対する卑下謙譲を含ませて表現する語。

（広辞苑第５版1998）

謙譲語　話し手が聞き手や話中の人に対して敬意を表すために、自分または自分の側に立つと思われるものや動作などをへりくだって言い表すもの。

（大辞林第３版2006）

謙譲語Ⅰ　自分側から相手側または第三者に向かう行為・ものごとなどについて、その向かう先の人物を立てて述べるもの。

（文化審議会（2007）「敬語の指針」）

謙譲語Ⅱ（丁重語）　自分側の行為・ものごとなどを、話や文章の相手に対して丁重に述べるもの。

（文化審議会（2007）「敬語の指針」）

自己採点の方法

以下の項目の解答を自己採点できる。

採点が簡単なのは、**読者が○を付けた項目が本書で○になっていれば１点を与える**という方式である。全部に○を付けると満点になるという欠陥があるが、自分の実力を知りたい読者は、そうはしないだろう。

しかし点数の与え方は色々ある。一番厳密なのは、個々の項目について○△×が一致したら１点ずつ与えるもの。しかし本書のように今ゆれている問題敬語を集めた本では、現実的ではない。なお、目次だけを見ても、自己採点はできる。

第１部には、敬語の使われ方が変化の最中で判定困難な問題が、入っている。

90%（31項目）以上とれた人はすばらしい。

70%（24項目）以上なら合格ライン。

70%（24項目）未満なら目次の見出しだけでも復習しよう。

（第１部の○印の総数は34項目）

第1章 謙譲語「お(ご)〜する」の使い方

本書は謙譲語から始める。覚えて一番効果が上がる言い方だから、である。

文化審議会（2007）「敬語の指針」では、敬語のための特別な言い方が用意されているものを「**特定形**」、広く色々な語に適用できる形を「**一般形**」と呼んでいる。本書第１部では「謙譲語特定形」と「謙譲語一般形」と呼ぶ。

謙譲語一般形「**お（ご）〜する**」は、謙譲語を規則的に作るための最も効率的な言い方だが、尊敬語の「お（ご）〜になる」と形が似ているためか、尊敬語として誤用されることがある。一番用心しなければいけない。

「お（ご）〜する」の使い方は、最も間違いやすく、しかも一般の人が一番気にする誤用である。敬語を身に付ける努力とそのおかげで得られる高評価とを天秤にかけてみると、一番コスト・パフォーマンスの高い言い方である。しかも、多くの動詞に規則的に使えるので、正しい敬語を身に付けるには効率的な表現だ。

1a「お（ご）～する」誤用の原因

謙譲語の「お～する」が尊敬語として誤用される原因は、まず「お～する」に、形の上で謙譲を表す要素がないことである。「お～する」は意外に新しく、明治中ごろから使われはじめた。それ以前から使われていた「お～申す」「お～申し上げる」「お～いたす」は、後半だけでも謙譲の要素があり、「お話し＋申す」「お話し＋申し上げる」「お話し＋いたす」の場合だと、＋以下の後半だけでちゃんと謙譲の意味が伝わる。しかし「いたす」を簡略化して「する」としたために、後半の要素「する」だけでは謙譲を示さなくなった。「お～する」では、動詞の前の「お」と後ろの「する」が結びついてはじめて謙譲の意味を示す。しかも「お」だけだと、ふつうは尊敬の意味になり、よく似た「お～になる」は尊敬語として盛んに使われる。「お～する」は、尊敬語と混同されるのは、致し方のないことだった。

さらに、名詞への「お」の付けすぎとからむと厄介だ。「お話しする」や「お食事する」は、謙譲語ともとれるが、「話（を）＋する」や「食事（を）＋する」の最初に「お」を付けた（つまり本書後半で言う「美化語」）とも解釈できる。「お話（を）＋する」や「お食事（を）＋する」と、別の場所で切ってとらえるわけだ。

1-1 「お（ご）〜する」の勘違い①
「待つ」

どれが正解？

1.「お待ちください」
2.「お待ちになってください」
3.「お待ちしてください」

社員や店員が「どうぞここでお待ちしてください」と客に言う類は、敬語の本でよく誤用例としてあげてある。自分について言うはずの謙譲語「お〜する」を、相手の動作に使うところがまずいのだ。聞き手の動作は高めて表現しなければならない。尊敬語の「お待ちになってください」「お待ちください」が正しい。

謙譲語の「お〜する」と尊敬語の「お〜になる」は形がよく似ていて、まぎれやすいので注意。

文化庁国語課は**『国語に関する世論調査』**という全国調査を毎年行なって、公刊しているが、1996年の報告（平成7年4月調査、平成8年刊行、以下「文化庁（1996）」のように示す）で「先生、ここでお待ちしてください」について尋ねている。「気になる」のはやはり6割近くでトップクラスである。ちゃんと気づいている人が多い。文化庁（2004）の報告では7割近くに増えている。その理由は「間違った言い方だと思うから」である。一般国民が大いに気にしている。

つまりは、謙譲語と尊敬語の言い方の違いを暗記して一番効果がある言い方なのだ。一度**語源**にさかのぼって違いを覚えれば、間違いは避けられる。

「お～する」は、昔は「**お～いたす**」と言われていた。「**いたす**」は本来「至るようにする」「力を尽くして、結果としてもたらす」「心をこめて事を行なう」の意味だった。「雑用は私どもが**いたし**ます」などの例を思い浮かべれば「お～いたす」が自分側の動作を言う謙譲語であることが分かるはず。この簡略化と分かれば、「お～する」が自分側の動作を言う謙譲語であると、納得できるはずである。

それに対して「お～になる」の「**なる**」は語源から言うと「成る」「生じる」で、「自然に変化する」意味。「実がなる」「大人になる」などが典型例。日本語の敬語、ことに尊敬語では、自然に何かが生じたかのように表現することが多いが、「なる」もその一つ。古風な敬語で殿様などが「来る」ことを「お成り」と表現したことを思い浮かべれば、誤用がなくなるはずである。

解答

○「お待ちください」
○「お待ちになってください」
×「お待ちしてください」

1-2 「お(ご)〜する」の勘違い②
「聞く」

どれが正解?

1. 「係に　お聞きになってください」
2. 「係に　お聞きしてください」
3. 「係に　お聞きください」

会社の受付などが「係に　お聞きしてください」と言うのは言語道断で、その個人だけでなく会社の言語教育が疑われる。また会社の格が低く見られる。こんなことばに対しては「はいっ！　おうかがい申し上げます！」くらいに皮肉めかして返事しよう。もっともその皮肉が通じるかが問題だが。

自分の属する会社組織の別の係は身内なのだから、自分側である「係」を下げて（相手を高めて）言うべきである。なおフロアに居合わせた他人（第三者）が言うときでも、動作の主（聞き手）を高めて表現すべきである。つまり尊敬語による「お聞きになってください」「お聞きください」が正解。「聞く」ということばの高度な敬語なら「うかがいます」に置き換えられる（第2章の「うかがってください」参照）。

「**お〜になる**」は相手側の動作に使う尊敬語である。従って、「お聞きになる」という表現で、次のような使い方で相手について言うならOK。

「向こうの窓口でお聞きになってください」

「お客様が個人でお聞きになるのでしたら、録音なさっても結構です」

「お客様ご自身で役所の見解をお聞きになってください」ならOK。

「お～する」は、自分側の動作に使う謙譲語である。だから相手が聞くときに「お聞きして」は誤用。

「お客様のご意見を（私どもが）お聞きします」

「患者さんに代わって（付き添いの私が）医師の所見をお聞きします」と自分側に使うのならOK。

NHK（1987）では「受け付けでお聞きしてください」と、相手の動作に謙譲語の「お～する」を使った例を聞いている。「おかしい」は東京3割、大阪2割だけ。

1-1の文化庁（1996）の調査は「お待ちして」は「先生」に言っている文脈だが、この1-2のNHK（1987）では、誰に言っているのか、指定していない。このために「おかしい、誤り」が少ないのだろう。

解答

○「係に　お聞きになってください」
×「係に　お聞きしてください」
○「係に　お聞きください」

1-3 「お（ご）～する」の勘違い③ 「電話する」

どれが正解？

1.「当方に　お電話してください」
2.「当方に　お電話ください」
3.「当方に　お電話なさってください」

正解は「お電話ください」。

相手の行動なら「お～になる」「お～なさる」を使うから「電話する」から自動的に「お電話になる」「お電話なさる」が作られる。

「当方に　お電話なさる」ことを要求するときの表現を機械的に作ると以下のようになる。

「当方に　お電話なさってください」

ところが敬語指導書にも載る**「お電話なさってください」**はインターネットで用例を見ると、ほとんど使われていない。長すぎるのだろうか。

「お電話ください」

がよく使われる。

「お電話してください」は「お電話ください」のちょっとした変形ととらえられるかもしれないが、あきらかな誤用。よく使われる和語に置き換えてみれば分かる。電話を「おかけください」はOKだが、「おかけしてください」はおかしい。「おかけする」は自分側、身内の動作について言う謙譲語だから。

ところが、ところが、である。驚いたことに、インターネットで用例を探ってみると、「お電話してください」の検索結果は万をはるかに越えるほど多い。何しろ電話の本家本元の某社をはじめとして、某政令指定都市の商工会議所でも使っている。次の実例を参照してほしい。

「静かな場所からお電話してください」

「○○商工会議所流通担当までお電話して下さい」

「電話」の尊敬語「お電話」と、「してください」とをつぎ合わせた表現と解釈して使っているのだろう。

「お電話してください」を許すと、敬語指導書であげつらう言い方も、慣用として認めざるを得ないだろうか。しかし採用が早すぎてはいけない。敬語は自己表現であり、教養のバロメーターとも見なされる。服装の例えで言えば、礼服のようなもので、最新の流行ものは避けるほうが無難なのだ。

解答

×「当方に　お電話してください」
○「当方に　お電話ください」
△「当方に　お電話なさってください」

1-4 「お（ご）〜する」の勘違い④ 「利用する」

どれが正解？

1.「当社を　ご利用していただきたい〜」
2.「当社を　ご利用いただきたい〜」

正解は「ご利用いただきたい〜」。

普通の（和語の）動詞の尊敬語では、「お〜になってください」は**「お〜ください」「お〜いただきたい」**に置き換えていい。次の例のように、このほうが短くて便利なのだ。

お出しになってください←→お出しいただきたい
お持ちになってください←→お持ちいただきたい
お聞きになってください←→お聞きいただきたい
お待ちになってください←→お待ちいただきたい

つまり「になってください」は「いただきたい」に交換可能なのだ。

この言いかえ可能性を漢語動詞にも適用すると、次の式ができる。

ご利用になってください←→ご利用いただきたい

だから、「当社を　ご利用いただきたい」は安全な言い方だ。しかし「当社を　ご利用していただきたい」は、抵抗がある。

「ご利用いただく」と「利用していただく」の混乱だろう。しかし「ご利用する」は形の上から見ると、自分が目上の相手のものをへりくだって「利用する」の意味にも取れるので、誤解を招く。

「貴社提供の部品をご利用させていただきます」の文脈の謙譲語の例だ。これと誤解されるような尊敬語としての言い方は不適切である。

Googleで検索したら、「ご利用していただきたい」の検索結果は約1万件で多いが、正用の「ご利用いただきたい」の検索結果約7万件には及ばない。

「ご利用していただきたい」という誤用はこれから広がるだろうか。文化庁（2000）に関連した世論調査の結果があるが、数値の見方によっては、国民は半分に割れているように見える。聞き手への「お～する」が誤用だと気づいている人とそうでない人である。

その証拠に、某銀行キャッシュコーナーのアナウンスでは「ご利用していただきたいと・・・」と流していた（1999年）。1954年に同じ例が報告されているから、あちこちで何度も繰り返されるのだろう。

解答

×「当社を　ご利用していただきたい～」
○「当社を　ご利用いただきたい～」

1-5 「お（ご）～する」の勘違い⑤ 「注意する」

どれが正解？

1. 「ご注意くださるよう　お願いします」
2. 「ご注意なさるよう　お願いします」
3. 「ご注意するよう　お願いします」

「けがなどのないように、ご注意するようお願いします」のような表現での正否。正解は、「ご注意なさる」または「ご注意くださる」。

この場合の「注意」は「自分で気をつける」の意味。規則破りの他人に警告の声をかける意味ではない。相手が気を配る、留意することをお願いするわけだから、相手を高めた尊敬語が必要になる。従って、「お～になる」「**お～なさる**」を使うことになる。

和語（やまとことば）の動詞では「お」を付けるが、漢語では「ご」を付けるのがふつうだから「**ご～なさる**」になるはずである（「ご注意になる」のような「ご～になる」の形は、使いにくいようである）。

従って「**ご注意なさる**よう　お願いします」が正解ということになる。

しかし「**ご注意する**よう　お願いします」はおかしい。和語の「**お～する**」にあたる言い方で、これは「お教えする」や「お呼びする」と同じく、自分の動作をへりくだって言い表す謙譲語だから。

またある人が「注意する」場合には、その行動で話し手側（自分）に恩恵が及ぶかのような表現をして、「**ご注意くださる**よう　お願いします」と言うのも、許せる。

Google検索結果だと、「ご注意くださる」が多いが、「ご注意する」の検索結果は少なく、

「お客様のパソコン内にあり、ご注意する必要がございます」

のように客の動作を尊敬するようにとれる文もあるが、

「発言の仕方についてご注意することはございます」

のように、自分の行動をへりくだって言う文もある。

「ご注意する」は、意味がまぎれやすく、効果的な敬語とは言えない。

解答

○「ご注意くださるよう　お願いします」
○「ご注意なさるよう　お願いします」
×「ご注意するよう　お願いします」

1-6 「お（ご）〜する」の勘違い⑥ 「紹介する」

どれが正解？

1.「紹介してください」
2.「ご紹介してください」
3.「ご紹介ください」

「お（ご）〜する」を要求・依頼表現に使った例である。正解は「ご紹介ください」。「紹介してください」も正しい日本語だが、敬意の程度が、場合によっては不十分である。

文化庁（2000）では「私に適当な方をご紹介してください」と「（会社で、部下に）お客様に最寄りの営業所をご案内してください」が正しく使われていると思うか尋ねている。「正しく使われていると思う」はともに4割台。形の上からは謙譲語と同じ言い方「ご〜する」を相手の動作「紹介」に使っている例で、あきらかな誤用だが、意識されないようだ。

文化庁（2000）ではまた「早期に御対処していただきたい」が正しく使われていると思うか尋ねている。「正しく使われていない」は5割。気にする人が多いようである。

文化庁（1999）では「御安心してお使いください」について尋ねている。「気になる」のは3割にすぎない。

和語で「お〜する」については、謙譲語だという意識があるが、漢語で「ご〜する」という形をとると、尊敬語とまぎれるようだ。「御紹介」「御対処」「御安心」のような一まとまりの単語が、まず思い浮かぶのだろう。

しかし**「お（ご）〜する」**は、形としてはあくまでも謙譲語である。半数近くの人が「正しくない」と考えるわけだから、使うべきではない。

なお以上の「お（ご）〜する」（してください、していただく）の類に「（ら）れる敬語」を付けた「お（ご）〜される」は、尊敬語として第5章で扱う。

「紹介」や「挨拶」は自分でも他人でも行なえる。従って、「ご紹介＋する／申し上げる」「ご挨拶＋する／申し上げる」は謙譲語だが、「ご紹介＋なさる／あそばす／いただく」「ご挨拶＋なさる／あそばす／いただく」は尊敬語である。

これを名詞にして「ご紹介がある」「ご挨拶を続ける」は、謙譲語にも尊敬語にもとれる。「お手紙」が謙譲語にも尊敬語にも使われるのと同様である（8-8、8-9、終章3参照）。「お届け・お振替・御契約・御成約」も謙譲語にも尊敬語にも解釈できる。

解答

△「紹介してください」
×「ご紹介してください」
○「ご紹介ください」

1-7 「お(ご)～する」の勘違い⑦
「邪魔する」

どれが正解?

1.「お邪魔の際は」
2.「お邪魔した際は」

かつて東海道新幹線に乗ったら、車内販売の予告アナウンスがあって、最後に「お邪魔の際は　お申し付けください」と言っていた。離れた座席の人も笑っていたから、車内販売員の意図と別にとったのは、一人だけではなさそうだ。

確かに「お茶はいかがですか」などはうるさくて

「睡眠の邪魔だ」

とでも言いたくなる。だから今は無言で歩くことになった。

「お邪魔する」は「行く、訪問する」などの謙譲語で、他の人の家を訪問したときに「お邪魔します」と声をかけるので、こどもでも使いこなせる。

だから「お邪魔した(する)際は…」と言いたかったのだろう。謙譲語の「お～する」は最後の「する」を取り去って使うこともできるから、簡潔に表現しようとしたのだろう。残念なことに「邪魔だ」の省略表現と同じになってしまったので、乗客の失笑を買ってしまった。

謙譲語では普通の（和語の）動詞で「**お～する**」と言う。

漢語では「ご」が付くのがふつうだから「**ご～する**」になるはずである。だから和語の言い方と、ほぼ同じ意味の漢語の言い方を並べると、次のような謙譲表現になる。

「お出しする」に対して「ご提供する」

「お教えする」に対して「ご教示する」

「お待ちする」に対して「ご待機する」

一方普通の（和語の）動詞では

お～してください　⟷　お～ください

のような表現の「して」は着脱自在である。これを漢語動詞にも適用した尊敬表現が広がりつつある。

「ご提供する」に対して「ご提供ください」

「ご教示する」に対して「ご教示ください」

「ご待機する」に対して「ご待機ください」

この尊敬表現パターンはさらに、「ご提供いただく」「ご提供いただきたい」「ご提供願う」「ご提供願いたい」「ご提供くださる」「ご提供ください」「ご提供の際」「ご提供の折り」「ご提供の可能性」「ご提供の方」のように、様々な文脈に広げることができる。そして「ご～」が謙譲語なのか尊敬語なのかが、あいまいになる。

解答

△「**お邪魔の際は**」
○「**お邪魔した際は**」

1-8 「お(ご)～する」の勘違い⑧ 「出演する」

どれが正解?

1. 「あの方が　ご出演していた」
2. 「あの方が　出演されていた」
3. 「あの方が　出演しておられた」
4. 「あの方が　出演していらっしゃった」

「あの方が　ご出演していた」はよさそうにひびくが誤用。

漢語だから「ご」が付いているが、和語で「お」が付く例に置き換えてみよう。「お～する」にあたる言い方で、これは謙譲語だ。だからおかしい。

尊敬語なら「お（ご）～になる」「お（ご）～なさる」を使うことになる。漢語には「ご」が付くから、「**ご出演になる**」または「**ご出演なさる**」のはずだ。確かにこれは言う。

それを「ていた」にするなら、「ご出演になっていた」または「ご出演なさっていた」になるはず。

しかしこれは機械的に尊敬語のパターンをあてはめようとしたため、やや不自然。

この場合、敬語の要素は様々な場所に付けることができ、「出演＋して＋いた」については「**ご**出演＋**なさっ**

て＋**いらっしゃっ**た（**いらし**た）」のように少なくとも三箇所を尊敬語にすることができる。ただし全部を敬語にするのはわずらわしいし、丁寧すぎる。

二つ以上の動詞が重なるときは、**敬語の言い方を最後の要素に付ける**のが秘訣。つまりあとのほうだけ敬語にすれば十分だし、規則的に作りやすい、という原則から言うと、「出演＋されて＋いた」よりも「出演＋して＋**いらっしゃっ**た（**いらし**た）」がいいことになる。「ご」は要らない。

また「れる」「られる」を使う敬語もあるのだから、「出演＋される」も可能で、それを「ていた」にした上で敬語にするなら、「出演＋されて＋いた」または「出演＋して＋おられた」ができあがる。ただし、「おられる」「おられた」は2-4で述べるように、誤用とされることもあるから、使わないほうがいい。残る「出演＋されて＋いた」も、現代の東京では耳慣れないので、結局「（ら）れる」敬語は活用できない。

解答

×「あの方が　ご出演していた」
×「あの方が　出演されていた」
×「あの方が　出演しておられた」
○「あの方が　出演していらっしゃった（いらした）」

1-9 「お（ご）〜する」の勘違い⑨ 「乗る」

どれが正解？

1.「お乗りになりますか」
2.「お乗りいたしますか」

これは応用問題である。「お乗りになりますか」が正解だが、ここまで読んだ人ならできて当然である。「お乗りいたしますか」は謙譲語の言い方。これを略して「お乗りしますか」も耳にするが、これももちろん誤用。

謙譲語の一番便利な作り方は「**お〜する**」だが、他に、やや古めかしい言い方として「**お〜いたす**」が使われていた。「お〜いたす」は「お〜する」の前の時代の謙譲語である。今でもやや改まった、堅苦しい言い方として使われることがある。これを相手の行動に使うのは間違い。

国立国語研究所『大都市の言語生活』では「先生は何時の急行にお乗りいたしますか」がおかしいかを尋ねた。「おかしい」は6割以上を占めた（高学歴に多い）。そして「自分ではどういうか」と聞くと「お乗りになる」が6割近くになった。ちゃんと分かっている人が多い。

前に述べたように「いたす」は本来「心をこめて何かをする」の意味から発展したのだから、相手側の動作に使うのは不適切と見当がつくはずだ。

一方、「いたす」は別の方面でも用法を広げている（終章3参照）。

ある旅客機で、客室乗務員が

「**しばらくいたします**と・・・」

と、アナウンスしていた。「する」が人間の動作などと関係がないときにも、「いたす」に変えるのは、「そうすると」を「そういたしますと」というので、かなり前から耳にしている。

そのあと、

「**まもなくいたします**と、機内サービスを・・・」

と、アナウンスしていた。

「しばらくすると」と「まもなく」がよく似た意味なので、「まもなくすると」が生まれ、「する」を「いたす」に変えたのだ。

そういえば次のような使用例もある。

「**まもなくいたしますと**昭和50年に開催されました『海洋博覧会』跡地となります」

丁寧に感じられるというので、「いたします」が広がっているのだろう。本来の謙譲の意味合いは失っている。

解答

○「お乗りになりますか」
×「お乗りいたしますか」

第2章 謙譲語特定形と尊敬語の使い分け

2a 謙譲語一覧

■**謙譲語特定形**（言いかえ敬語、敬語交代形式）すなわち謙譲語として特別な形をとるものは、10個前後覚えればよい。日常よく使われる、重要なものを**太字**にした。これは暗記する必要がある。

文化審議会（2007）「敬語の指針」で謙譲語をⅠとⅡに二分する案が出たので、ここでもその分類を使う（3a、終章1参照）。下線の語が答申で例としてあげられたことば。ただ、現在変化の最中の現象もあって、境界がはっきりせず、人によって分類の仕方が違う可能性もある。

●「謙譲語Ⅰ」

〈敬語形〉	〈意味〉
うかがう	聞く　尋ねる　行く　訪ねる
申し上げる	言う
差し上げる	やる　あげる
お目にかかる	会う
お目にかける	見せる

ご覧に入れる　　見せる

拝借する　　借りる

拝見する　　見る

うけたまわる　　聞く　承知する

存じ上げる　　知る

いただく　　食べる・食う　飲む　もらう 受け取る

●「謙譲語Ⅱ」

〈敬語形〉　　〈意味〉

参る　　行く　来る

申す　　言う

いたす　　する

おる　　いる

存じる　　知る　思う

■謙譲語一般形（付けたし敬語、敬語添加形式）は基本的な言い方で、暗記すれば使いこなせる。間違いやすいものの筆頭で、本書でも「**お～する**」を最初に扱った。

●「謙譲語Ⅰ」

お（ご）～する

お（ご）～申し上げる

お（ご）～いただく

～ていただく

●「謙譲語Ⅱ」

～いたす　　する

2-1 謙譲語特定形と尊敬語①「聞く」

どれが正解?

1. 「窓口で　お聞きください」
2. 「窓口で　お聞きになってください」
3. 「窓口で　うかがってください」

ここからが、敬語の一番難しい部分。間違いやすい敬語の筆頭で、しかも誤用に対する目も厳しい。ここからの部分を使いこなせれば、敬語を一応マスターしたことになる。

「うかがう」は謙譲語で、自分（または自分の会社側、身内）の動作をへりくだって言う。だから「窓口で　うかがってください」のように、相手（または相手の会社側、よそ）の動作に使うのは明らかな誤用。「聞く」の尊敬語として、「窓口で　お聞きになってください」を使うのがいい。

文化審議会（2007）「敬語の指針」では、「お聞き（お尋ね）ください」を推奨している。

「うかがう」の**語源**は「物陰から様子をうかがう」の意味である。中世から、遠慮した感じで「目上の人に聞く」の意味で使われるようになった。物事をあからさまに示さず、ぼかしたり、やわらげたりして、あいまいに示し、直接的な表現を和らげるのが、敬語の基本精神だから、理屈にかなう（9-3参照）。これを「目上の人が聞く」の意味で使うのは誤用である。

「うかがう」は「聞く」以外に「尋ねる」「訪ねる」の意味でも使う。従って「謙譲語」を作るための規則的な言い方「**お〜する**」を応用して、「お聞きする」「お訪ねする」とも言いかえられる。「聞く」「尋ねる」「訪ねる」の尊敬語なら「お聞きになる」「お尋ねになる」「お訪ねになる」を使うべきだ。

文化庁（2000）では「あの病院は午後伺われたほうがすいていますよ」が「正しく使われていない」と思うのが5割だった。文化庁（2001）では同じ言い方について、「気になる」が5割を越えた。その理由を聞いてみると、「間違った言い方だから」が多い。謙譲語「うかがう」に尊敬語「（ら）れる」を付けるのは、そもそも矛盾するのだ。国民の敬語知識は十分に高い。この基本を間違えてはいけない。

解答

○「窓口で　お聞きください」
○「窓口で　お聞きになってください」
×「窓口で　うかがってください」

2-2 謙譲語特定形と尊敬語②「見る」

どれが正解?

1.「拝見してください」
2.「ご覧ください」
3.「ご覧になってください」

「ご覧ください」または「ご覧になってください」が正解。「拝見してください」は明らかな誤用。

語源をさかのぼれば、おかしいことはすぐ分かるはず。

「拝見する」は漢字の源にさかのぼれば「拝んで見る」こと。だから自分が相手に属するものを見るときに使う。相手が大事にしているものを拝むようにして見ること。ご先祖様のお宝を「ありがたく拝見いたします」だったら、ふさわしい。

ところがインターネットでは次のような誤用例がある。

「知ってる人だけ得をする!! 各方面から大絶賛!! 説明するより、拝見していただいたほうがわかりやすい！」

相手に向かって自分のものを「拝見していただく」はおかしい。「ご覧いただいたほうが」と直すべきだろう。

文化庁（2000）では「先生はあの展覧会を拝見されましたか」が正しく使われていると思うか尋ねている。「正しく使われていない」は4割。

謙譲語「拝見する」に尊敬語の「(ら) れる」を付けたもので明らかな誤用だが、「見る」の尊敬した言い方やへりくだった言い方は、あまり耳にしないので、混同するのだろう。

「**拝見**」の類例として「**拝聴、拝借、拝読**」がある。いずれも自分側の動作に付ける謙譲語だから、気をつけよう。自分が目上の人や相手側の意見を「**拝聴**」し、本を「**拝借**」し、「**拝読**」するのである。「**参上**」しておことばを「**頂戴**」するのも同様に謙譲語。これらを使いこなせば、「お主できるな」と一目置いてもらえる。

この類の特別の言いかえを使う敬語は、調査によれば、若い人が使えない。また上流階級とか下層階級というような社会階層の意識とも関係する。セレブに見せかけようにも、こういう言い方を使いこなせないと、化けの皮がはがれてしまう。

解答

×「拝見してください」
○「ご覧ください」
○「ご覧になってください」

2-3 謙譲語特定形と尊敬語③「する」

どれが正解？

1.「どうか　なさいましたか」
2.「どうか　しましたか」
3.「どうか　いたしましたか」
4.「どうか　されましたか」

そう多く耳にするわけではないが、相手の動作に「いたしましたか」を使うのは誤用。道端で苦しそうにしている人や、困った様子でうろうろしている人に声をかけるには、「どうか　なさいましたか」などが適切な表現だろう。「なさる」は尊敬語の基礎的表現だから、これは暗記しよう。

某ホテルで「どうかいたしましたか？」と声をかけられたなどと、体験談として、報告されているが、同じ人物がひんぱんに使えば、誤用としての報告も増え、気にする人も増える。

司会者が「練習いたしました？」と聞いたのは「練習なさいました？」のつもりだろう。「いただく」「うかがう」と同様の謙譲語と尊敬語との誤用である。

「いたす」ということばの**語源**としては、「至るようにすること」「心をこめてことを行なう」のような意味だった。それが目上の相手のために動作をする意味で、へりくだった場面で使われるようになった。だから「後片付けはわたしがいたします」はふさわしい表現。

語源にさかのぼると、相手の状態に対して「どうかいたしましたか」と言うのが不適切なことは、見当がつくだろう。

「どうか　しましたか」は、尊敬語を使っていない。行きずりのあまり関わりたくもない人にだったら、使ってもいいだろう。しかし相手が実はどんな人なのか分からないときなどは、用心深く敬語を使って「どうか　なさいましたか」を使っておけば安心である。

「どうか　されましたか」は、本来は西日本的な敬語。東京でも耳にするようになったが、十分になじんだとはいえない。「れる・られる」は東日本の人は（迷惑の）受身の意味にとる人が多い。「殴られた」とか「押し倒された」とかの答えがつい期待されるので、誤解を招くことがあり、効果的な敬語表現とはいえない。

解答

○「どうか　なさいましたか」
○「どうか　しましたか」
×「どうか　いたしましたか」
△「どうか　されましたか」

2-4 謙譲語特定形と尊敬語④「いる」

どれが正解？

1.「中村課長は　おられますか」
2.「中村課長は　おりますか」
3.「中村課長は　いらっしゃいますか」

正解は尊敬語の「**いらっしゃいますか**」。

「**おりますか**」は、「おる」を「いる」の手近な言いかえとして流用する初歩的ミス。「います」よりも「**おります**」が丁寧にひびくことから、拡大解釈したのだろう。目上または相手側を敬って言うには、尊敬語「いらっしゃる」を身に付けるのが出発点である。

「おりましたら」は、敬語の誤用としてよく取り上げられる。「おりましたら受付までおいでください」も駅などのアナウンスでよく聞くが、謙譲語としての「おる」を相手のことに使っているから間違いとされる。「いらっしゃいましたら」が正しい。

文化庁（1996）では「おりましたらご連絡ください」が「気になる」のは6割近くでトップクラスで、とくに西日本に多い。

NHK（1987）の調査でも「**おりましたら**駅長室までおいでください」について「おかしいと思う」が東京4割、

大阪6割である。12個の表現のうち「おかしい」が一番多かった。大阪はじめ西日本では「おられましたら」を使うから、つまり軽い「(ら) れる」敬語を使うからそれさえ使わない「おりましたら」は抵抗が大きい、ということもある。「**おられますか**」は西日本的な敬語で、一般には誤用扱いされることが多い（1-8参照)。

文化庁（1999）では「先生は心配しておられたよ」について尋ねている。「気になる」のは4割で、とくに東日本に多い。

東日本では「**おります**」は謙譲語で、自分（の側の人）が「います」のへりくだった言い方として使い分けられているが、微妙な差なので、使い分けが分かりにくい。謙譲語としての用法だということに気づかずに、「います」より「おります」のほうがなんとなく丁寧な感じと、受け取るのだろう。相手に使うのは理論的にはおかしいのだが、JRはじめあちこちのアナウンスで未だに耳にする。敬語の期待と現実のずれ、人による違いが感じられる。

解 答

×「中村課長は　おられますか」
×「中村課長は　おりますか」
○「中村課長は　いらっしゃいますか」

2-5 謙譲語特定形と尊敬語⑤ 「行く」

どれが正解？

1.「大阪には　いつ　参りますか」
2.「大阪には　いつ　参られますか」
3.「大阪には　いつ　いらっしゃいますか」

正解は「いつ　いらっしゃいますか」。「いつ　参りますか」の場合、「話題の人物（相手）が行く」ことを「参る」と言っている。いくら「られる」を付けても、これは失礼。「参る」は謙譲語で、「貴社には係長が参ります」のように、自分の側（身内）の動作をへりくだって言うのに使われる。

「**参る**」の**語源**は朝廷や神仏など恐れ多いところに「お参りする」の意味で、今も「宮参り」などのことばに残る。「参上する」「参拝する」「参詣する」とも言いかえられる。また相手に負ける、敗北する意味で「参った、参った」のようにも使われる。

語源を考えれば、これを目上の相手の動作に使うのは不適切なことが分かるだろう。

これに尊敬語の「られる」を付けた「いつ　参られますか」もおかしい。

応用問題だが、「**参られる**ときは、お電話ください」などは「おいでになる（お越しになる、いらっしゃる）ときは、お電話ください」がふさわしい。

インターネットで用例を探ると**参られる**の検索結果は約1000件になる。中に「K委員とD委員がまだのようですが、追って**参られる**だろうと思います」のように会議記録にも残るほどで、敬語の間違いが広がっていることを示す。もっともこの場面、本来の意味を考えれば、昔の皇居内での会議で、やんごとないお方の発言なら許される。

文化庁（1998）では「あの方は・・・東京にまいりまして・・・」について尋ねている。「正しく使われていないと思う」が7割を占める。文化庁（2005）では同じ問いで6割に減っている。許容されつつあるのだろうか。この調査での正解は「おいでになって、いらっしゃって」などだろう。

文化庁（2001）では「お客様がまいられています」について尋ねている。「気になる」が8割を占める。これと同様に「社長、A社の部長が**参られ**ました」も誤用。「いらっしゃいました」「お見えになりました」というべきである。

解答

×「大阪には　いつ　参りますか」
×「大阪には　いつ　参られますか」
○「大阪には　いつ　いらっしゃいますか」

第3章 謙譲語特定形と丁寧語の使い分け

3a「参る」の広がり

これまでの章では、謙譲語がまるで尊敬語のように使われる現象について述べた。この第３章では、謙譲語特定形が丁寧語（デスマスなど）と同じように使われる現象を扱う。謙譲語の用法の広がりの一環で、日本語の敬語全体が丁寧語のように、聞き手への配慮を表す方向への変化を起こしているが、その典型でもある。

その一つ「参る」について、まず解説しておこう。具体例は3-1「電車がまいります」の項で扱う。

「参る」は「行く・来る」の言いかえ謙譲語だが、戦後まもなくから用法の広がりが非難された。

まず「一緒に参りましょう」という言い方が、理論的に考えるとおかしいとされた。自分だけが「行く」なら「参る」と表現してもいいが、相手も一緒だと謙譲語はおかしいというのだ。といって、相手の動作に尊敬語を使って「いらっしゃる」と言うとしたら「自分も一緒に」が適切に表現できない。そもそも自分側と相手側の一緒の動作を、一つの敬語表現で表すのは難しいのだ。

インターネットで用例を探すと、「一緒に参りましょう」や、かな書きの「一緒にまいりましょう」の検索結果は約1000件程度で、あまり多くない。

「温泉へ一緒に参りましょう～」「釣り・サイクリングさあご一緒にまいりましょう」「それでは、ご一緒に参りましょう。まずは仁王立ちして下さい」「同行いたします。ご一緒に参りましょう」などで、「する、始める」と言いかえられる例も出てくる。

インターネットのあるページでは以下の解決策を示している。

「(部下が上司に) **一緒にまいりましょう**」

「まいる」は「行く」の謙譲語ですから、自分には使えても、同行者にまでかかっては失礼になります。

「一緒にいらっしゃいませんか」あるいは「私も一緒にまいります」と言えばいいわけです。

つまり表現をまったく変えるしかないわけである。これは難しい。

「参る」は文化審議会（2007）の答申「敬語の指針」で言う「**謙譲語Ⅱ**」の典型で、聞き手に向けての表現に変わりつつあるのだ（第1部冒頭〈p20〉、2a、終章1参照）。

3-1 謙譲語特定形と丁寧語①「来る」

どれが正解？

1.「電車が　まいります」
2.「電車が　きます」

「参る」の**語源**は、「高貴のところに行く」「お参りする」だったが、使い方が広がって、「行く・来る」を単に丁寧に言いかえるときにも使われる。

「３番線には快速電車がまいります」の類。東京付近のJRのアナウンスで「電車がまいります」と言っているし、JR山手線や東京モノレールなどの電光表示も「まいります」である（一部「きます」もある）。これに対して、東海道新幹線（つまりJR東海）の電光表示では「列車がきます」。広島電鉄の電光表示も「電車がきます」である。

「電車がまいります」といっても、電車が乗客に敬意を払い、露払いを従えて、しずしずと入ってくるわけではない。がたがた音を立てて、急ブレーキで停まることだってある。ことばだけ丁寧でも仕方がない。ただ、電車の会社の人が乗客に敬意を払って表現する分には、非難することはない。目くじらたてて敬語の誤りと非難するよりは、ことばづかいの丁寧さに対応した実質的サービスを期待しよう。

乗客同士だと「来ないなあ」「あ、来ました」というのだから「来る」で十分である。普通の人がホームで酔っ払ってふらふらしている人に、「電車がまいりますよ」という必要はない。「電車がきますよ」で十分だ。

文化庁（1999）では「電車が参ります」について尋ねている。「気になる」のは4分の1で、老年層に多い。関東では気にならないようで、文化庁の解説でも「問題のない例」としている。

現在謙譲語の一部は変化を重ねており、「参る」「申す」「致す」などは、単にことばづかいを丁寧にするために使われる傾向がある。「電車がまいります」もその一例である。

「電車が参ります」のような言い方は、まず東京付近に広がった可能性がある。用法が広がりかけているこの時点をとらえて上手に説明しようとすると、「**謙譲語Ⅱ**」を別立てしたくなる。従来使いすぎと非難されていた言い方に、文化審議会で、お墨付きを与えることになる（終章3参照）。

解答

△「電車が　まいります」
○「電車が　きます」

3-2 謙譲語特定形と丁寧語②「もらう」

どれが正解？

1.「いただいてください」
2.「お受け取りください」

「いただく」は、謙譲語の誤用例として、確かに耳にする。「記念品はあちらの受付でいただいてください」の類。うっかりすると間違える。

相手が受け取ることを言い表すわけだから、尊敬語が必要だ。従って、「お〜ください」を活用した「お受け取りください」が適切な表現である。

「いただく」は**語源**から言うと「頭の上に載せる」「物を高くささげる」。目上からものを受け取るときに高くささげて持つことから、「もらう」の意味になった。「雪をいただく山」に本来の用法が残る。また頭に吸盤の付いた魚、コバンザメをコバンイタダキとも言うのは、同じ語源にさかのぼる。「頂戴する」とも言いかえできる。

昔テレビのクイズ番組の司会者が連発していたというから、以前からあった誤用で、大目に見られていたようだ。最近ことに「いただく」と「くださる」の混同による誤用が激しい（3d参照）。「たまわる」でかつて起こったことに似ている。

会社や役所や店で「隣の窓口でいただいてください」の場合なら「お受け取りください」と言いかえるべきだ。

もし「いただいてください」と言われたら、巫女《みこ》が折《お》敷《しき》を持つように高くささげて、「頂戴いたします」と言って、からかってみよう。そもそも敬語を間違えるような人には通じない恐れもあるが。

なお、やりもらいに関する表現だから、別の形でも言い表せる。相手に渡すわけだから「上げる」「差し上げる」を使ってもよさそうに思える。しかし「上げます」や「差し上げます」は、押し付けがましい感じになる。場合によっては、「受け取っていただけますか」とか、「ご迷惑かもしれませんが・・・」「お邪魔かもしれませんが・・・」のように言うほうがもっと丁寧にひびく。

敬語を使いこなすというのは、単に機械的に尊敬語や謙譲語の形を作れるということではないのだ。

解 答

×「いただいてください」
○「お受け取りください」

3-3 謙譲語特定形と丁寧語③ 「食べる・飲む」

どれが正解？

1. 「粗茶ですが　いただいてください」
2. 「粗茶ですが　お上がりください」
3. 「粗茶ですが　召し上がってください」

「いただく」は「食う・飲む」のもっと丁寧な言い方として現在進出中である。ところが、相手に食べてもらうときに「いただく」を使うこともある。

例えばお客さんを自宅に招いて、お菓子・食事などを出してのことば。「どうぞ、いただいてください」。これは誤用。この場合は「どうぞ、お上がりください」または「どうぞ、召し上がってください」が正しい。

文化庁（1996）では「お客様、どうぞいただいてください」について尋ねているが、「気になる」は6割に及び11項目中トップである。文化庁（2004）の報告では7割近くに増え、やはりトップである。その理由は「間違った言い方だと思うから」である。一部に使う人がいるとしても、正用として認めるわけにはいかない。これは「いただく」を相手への尊敬語として使っていて、明らかな誤用である。「召し上がってください」か「お上がりください」などが適切な表現だ。

文化庁（2000）では「昼食はもういただかれましたか」が気になるか尋ねている。「気になる」は5割。西日本では許す人が多いが、まだ用心するほうがいい。

また文化庁（1997）で、「きのうは一人で夕食をいただきました」という言い方だと「気になる」が5割近くである。自分の動作だから、謙譲語として許されるはずだが、普通は「一人で食べました」で十分だ。

ところが本来自分の動作の謙譲に使うはずの「いただく」が、現在は料理番組で「おいしくいただけます」のように使われる。そのせいか、文化庁（1997）の「白ワインは冷やした方が、おいしくいただけます」については、「気になる」はわずか1割程度にすぎない。これはもう受け入れられたと見られる。「召し上がれます」が正しいと、非難されても、テレビなどであれだけ耳にすれば、マヒしてしまって、気にならなくなるのだろう。単に「食べる」のさらに丁寧な言い方になったのだ。

判断に迷ったら「どうぞ・・・」とか「ご遠慮なさらずに・・・」だけでお茶を濁すこともできるが、それでは敬語は上達しない。口にしてみて慣れるのが一番。

解答

×「粗茶ですが　いただいてください」
○「粗茶ですが　お上がりください」
○「粗茶ですが　召し上がってください」

3-4 謙譲語特定形と丁寧語④「やる」

どれが正解?

1.「うちの子に　やっていいですか」
2.「うちの子に　あげていいですか」

敬語の誤用論議でよく取り上げられるのは、「あげる」の多用である。母親が自分の子に「うちの子に離乳食をあげていいでしょうか」などと言う。「自分のこどもにアゲルはおかしい。ヤルと言うべきだ」という投書やエッセイもときどき見られる。

世論調査の結果では、「あげる」を使うのは若い女性で多く、また調査を繰り返すごとに増えていて、近年急速に広がっている様子が手にとるように分かる。謙譲語「あげる」が、丁寧語・美化語と同じように使われているのだ（3b参照）。

こんなに「あげる」が広がるのには理由がある。「あげる」の**語源**は「物の位置を物理的に上昇させる」ことだったが、「進呈する」の意味にもなうようになった。一方「やる」は（遠方に）「つかわす」の意味から変化したものだが、「する」のくだけた俗語的な言い方にも拡大し、丁寧な意味合いが失われた。変なニュアンスもあって、若い女性にはちと使いにくい。一度「あげる」が使われると、「やる」はそれにくらべて乱暴なひびきを持ちはじめる。こうして「あげる」は、敬意からいって下のほうにまで使用範囲を広げたのだ。「**敬意低減の法則**」の典型である。

9-9「母はおりません」で述べるように、近代日本語では身内への敬語は控えるという原則があり、「自分のこども」になら「やる」と言うべきである。しかし「やる」は乱暴にひびくので、一部の人が丁寧に言おうとして、自分に関わることにまで「あげる」を使いはじめた。まず人間であることから「自分のこども」に「あげる」が使われた。その後犬のような生き物に広がり、植木や花にまで広がった。これが各調査の使用率の違いとして表れている。

「あげる」の用法はさらに拡大している。「子どもを信じてあげる」は許せる。女子アナウンサーは「発酵タンクを冷やしてあげる」と言うし、教室でカッコの中に数値を「入れてあげる」とも言う。「入れてやる」の代わりだろうが、単に「入れる」か「代入する」でいいはずである。意味から見ても、ことばの変化が、論理的な順番で、徐々に進むことがよく分かる。

解答

○「うちの子に　やっていいですか」
△「うちの子に　あげていいですか」

3b「あげる」の広がり

世論調査などによると、「あげる」の使用者は多く、ことに若い女性がよく使う。

文化庁（1996）で前年平成7年の調査データを報告している。文化庁（2001）と文化庁（2006）の追跡調査があったので10年間の変化が分かる。図1では1996年と2006年のデータを、同じ10年間に生まれた人たち（コーホート）を同じ位置に示す手法によってグラフ化した。「うちの子におもちゃを買って」の場面だと、年齢差と性差が大きく、「あげる」は若い女性（黒丸）で7割から8割に増えた。さらに目立つのは、1996年調査の10代（実は後半のみ）の男性（白三角）が、2006年調査に20代になって、「あげる」の使用率を5割から7割まで増やしていることである。社会人になって、男っぽい言い方「やる」を捨てていると、読み取れる。その上の世代でも、同じ年齢層の人が10年後の調査では男女とも「あげる」を多く使うようになった。人生いくつになっても、言語習得は続く。世の中の大勢に合わせる人が増えているわけだ。

うちの子に「あげる」は、身内への敬語は控えるという原則に反するが、敬意低減は普遍的で、戻しようがない。なお「植木に水を」の場合でも、「あげる」が2割だが、東京都区部では4割、20代女性は5割近くになる。2006年には6割になった。もういちいち目くじらをたてるわけにはいかないという数値である。ただし「相手チームに点を」だと、まだ「あげる」は2割前後である。

文化庁（2002）では、「花に水をあげる」が「言葉の乱れか」と尋ねている。「言葉の乱れ」と答えた人は2割以下にすぎず、実に5割が「そういう言い方をしても構わない」と答えている。

なお文化審議会（2007）「敬語の指針」では、人間でなく植木に水を「あげる」について、「定着しつつある」と表現している。

図1　「あげる」の増加（文化庁1996-2006）

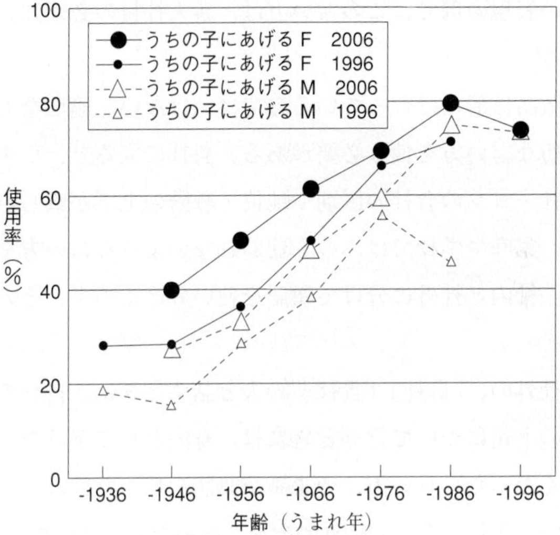

＊縦軸は使用率。横軸は年齢層。
＊一番左は1927年から1936年に生まれた老年層。
　一番右は1987年から1996年に生まれた若年層。
＊折れ線の△・Mは男性、●・Fは女性を示す。

3-5 謙譲語とウチソト関係

どれが正解？

1.「貴社には　部長が　うかがいます」
2.「貴社には　部長が　いらっしゃいます」
3.「貴社には　部長が　参ります」
4.「貴社には　部長が　参上（いた）します」

いずれも自社の部長について社外に向けて説明するときの表現の例で、この言い方は、新入社員の必須知識である。

敬語は形だけ合っているのではいけない。適切な人に適切な言い方を使う必要がある。会社に入ると、ウチの会社・ヨソの会社の区別や地位・職階の上下が厳しいので、家庭や学校ではふつう使われないような言い方をする。社内と社外に分けて敬語を使い分けるのも、その一つ。

社外の、「御社」「貴社」の人と話すときに、自分の会社の上司について言うときには、身内として下げた（へりくだった）言い方、つまり謙譲語を使わなければいけない。それによって社外の人を「高めた」ことになる。

まさか「私がいらっしゃいます」とは言わないだろう。しかし自分以外の人物、「弊社」の者を話題にするときには、つい間違ってしまう。自分自身については「私が参ります、うかがいます、参上します」ときちんと言えるのが望ましい。それと同じように、自分以外の人物、「弊社」の者を話題にするときにも、尊敬語を使ってはいけない。尊敬語なし（丁寧語だけ）の「行きます」なら、こどもでも使える。社会人としては、自分側のものを下げて「うかがいます」「参ります」「参上します」「参上いたします」などを使いこなすことが要求される（9-10参照）。

なお「うかがう」の二重謙譲語については4-5参照。

家庭でも学校でも廃れかけた「身内を下げる」「へりくだって表す」という敬語が、会社組織では見事に生きている。しかも会社の評判、社員の評価に関わるから始末が悪い。

社外の人と話すときの謙譲語を使いこなせない社員は、会社の評価を下げるわけだから、減給処分を受けても当然。きちんとした会社なら研修期間に訓練があるだろうし、先輩が直すだろう。しかし交渉相手が直すことは考えられず、（本人も会社も）かげで笑われるのが落ち。

解答

○「貴社には　部長が　うかがいます」
×「貴社には　部長が　いらっしゃいます」
○「貴社には　部長が　参ります」
○「貴社には　部長が　参上（いた）します」

3c 社内の敬語の現状

文化庁（1997）では、**社内の目上への尊敬語**について調べている。複雑な質問文だが「会社で部長に対して、自分の上司である課長が、今、部屋にいないということを、社員がいうとしたら、どう言うのが一番望ましいと思いますか」と尋ねている。謙譲語の「おる」を使った「課長は今おりません」という敬意を控える言い方が、5割でトップである。都区部の若い世代、商工サービス業・自由業に目立つ。実際にこの表現を要求されそうな人たちが正しいとされる言い方を身に付けている。しかし「いらっしゃいません」「おいでになりません」という誤りとされる言い方も合わせて4割近くになる。西日本の都市部、中年の主婦に目立つ。自分の上司の課長への敬語を控えないという古風な（中世以来の）敬語用法に基づく。

文化庁（2006）でも、**社内の目上への尊敬語**について調べている。「あなたが、会社の新入社員だとして、上司の部長と話をしている際に、同じく上司の斎藤課長が話してこられたことを例に出す場合、何と言いますか」と聞いて、選択肢から選ばせる方式である。「斎藤課長がおっしゃっていたのですが」が6割近く、「斎藤課長が言われていたのですが」が3割近くである。尊敬語を使う点は共通だが。2番目の「（ら）れる」敬語は、やや軽い尊敬語なので、こんな場合にふさわしいと言われる。通説どおり、西日本にやや多い。

しかし社内の身内同士では、規範と実際が食い違う。

「部長、課長もいらっしゃるそうですよ」

が報告されている。話し相手の部長への敬意を示すために、話題になった課長にも敬語を使おうとするのだ。

文化審議会（2007）「敬語の指針」では、まさにこの場合を取り上げて、課長に敬語を使っても、使わなくてもよい、どちらにも理がある、と書いている。部長と課長と課員の距離感や状況によって違うし、個人差もあるとする。妙に物分かりがいい。もっとも、別の箇所では敬意の程度の軽い**「（ら）れる敬語」**を使うことを推奨しており、これが従来の敬語の本で言っていることだった。

謙譲語とウチソト関係は、間違いやすい。社外の人と話していて、自分の上司に尊敬語を使ってしまった例では、「部長がおいでになります」がある。これは「部長が参ります」が正しい。

身内・社内への尊敬語の例では、同じ場面での類例に以下があげられている。間違う人がこんなに多いわけだから、他山の石として、自分自身の敬語を磨き上げよう。

（社外に向けて）（身内が）「いらっしゃる、おっしゃる、なさる、召し上がる、ご覧になる、ご存じです」

3-6 謙譲語「申す」の使い方

どれが正解?

1.「社長が　申されるように」
2.「社長が　おっしゃるように」
3.「社長が　申すように」

「申される」は、よく問題になる言い方だ。

語源から言うと、「申す」は古語では「まをす」で、「目上の者などに実情を打ち明ける」が原義とされる。「言う」などの謙譲語として使われた。神前の祝詞《のりと》では、今も「マオス」と発音されることがあるので、結婚式や上棟式などで気をつけるといい。神官の動作から、恐れ多い神様にかしこまって「申し上げる」意味が伝わるはずである。

従って、現代語で耳にする「社長が　申されるように」や「お客様が　申されました」は、原義から離れすぎる。語源にさかのぼれば、自分が神様であるかのような言い方なのだ。

「社長が　申すように」は、社外の人にへりくだって言い表すならセーフだが、**社内で**使うのは、不適切。

敬語の本の一部では、「申す」は本来（自分側をへりくだって表す）謙譲語だから、それに尊敬語の「れる」を付けても尊敬語にはならないと、説明される。しかし中世以来の用例があるし、国会でも現実に使われる。

世論はどうだろう。文化庁（1996）では「お客様が申されました」が「気になるか」を尋ねているが、「気になる」のは4割だった。文化庁（2004）の追跡調査では5割を越える。その理由は「間違った言い方だと思うから」である。文化庁（1998）では「会長が申されたことに賛成いたします」という表現としてだが、「正しくない」が4割近くで、似た数値である。文化庁（2005）の報告では4割でやや増えた。それぞれ多くの言い方のうちでは「気になる」「正しくない」の上位に入るから、使わないほうが安全と言える。

文化庁（2002）では、「申される」が「言葉の乱れか」と尋ねている。「言葉の乱れ」と答えた人は2割にすぎず、4割は「そういう言い方をしても構わない」と答えている。

「申される」は、古い用例があるし、実際にも耳にするが、間違いと断ずる人がいるからには、避けるほうが賢明である。教養がないと誤解されないためには「おっしゃった・言われた」を使うほうがいい。

解答

×「社長が　申されるように」
○「社長が　おっしゃるように」
×「社長が　申すように」

3-7 第三者への身内敬語

どれが正解?

1.「社長が　部長に　下さるんです」
2.「社長が　部長に　お上げになるんです」
3.「社長が　部長に　差し上げるんです」

目の前にいない第三者同士のやりとりに関わることが話題になると敬語の使い分けはさらに難しい。

どの程度の敬語を使うかの問題以前に、誰を身内または目上・目下として言い表すかが、からむからである。

自分の社の社長がその弟に、製品または外遊みやげまたは（恐ろしいことに）経営権を、渡す場合に、**社員同士**が話すときにはどうとらえるべきだろう。

以下のペアを比べることになる。

2´.「社長が　弟さんに　お上げになるんです」

3´.「社長が　弟さんに　差し上げるんです」

兄弟間でも、目上目下の関係が成り立つので、この場合は「弟さんに差し上げる」はおかしい。社長だけに敬語を使えばいいので、「社長が　弟さんに　お上げになるんです」でいい。

ところが、同じことが社内の部長に対して行なわれたらどうだろう。**社内の人間**なら、次の三つのどちらを選ぶか。

1.「社長が　部長に　下さるんです」

2.「社長が　部長に　お上げになるんです」

3.「社長が　部長に　差し上げるんです」

この場合、部長が社長よりも目下なので

1.「社長が　部長に　下さるんです」

でいい。

ところが、**聞き手が会社外の人**だったら、「わが社」「弊社」の人間に尊敬語を使ってはいけない。と言って、「上げる」も使いにくい。謙譲語を使うなら「下さるんです」と言える。

もし社外の聞き手まで抱き込んで自社の社長の行為を「下さる」で表すのが、落ち着かないとしたら、上下関係を含まない言い方として「渡す」を使う手もある。つまり

「社長が　部長に　渡すんです」

が、中立的表現である。社外の人同士がある会社の社長と部長についてうわさするときも、同様である。敬語は難しい。

解答

○「社長が　部長に　下さるんです」
△「社長が　部長に　お上げになるんです」
×「社長が　部長に　差し上げるんです」

3-8 「いただく」

どれが正解?

1. 「お休みを　いただいております」
2. 「休んで　おります」
3. 「休ませて　いただいております」
4. 「休みを　いただいております」

最近会社に電話をかけると、

「田中はお休みをいただいております」

のように言われることがある。他社とのやりとりで覚えるらしいが、そんな表現に接すると

「別にこっちで休みを与えているわけじゃないぞ」

と言いたくなる。これは後述の「～せていただく」という言い方の普及とも関係する。相手から何か恩恵を受けているかのように表現するのである。

インターネットの用例は多い。“お休みをいただいております”の検索結果は約50万件に及ぶ。

しかも会社全体としての公的通知に使われている。「土曜、日曜、祝祭日はお休みをいただいております」「商品の発送はお休みをいただいております」「大阪営業本部はお休みをいただいております」などである。

最初は語源と結びつけて考えて、変だと感じ、抵抗を

覚える。しかし何度も接すると慣れて、感じなくなる。広がると、使わないのが失礼と感じられる。「いただく」の用法拡大の一環で、「**敬意低減の法則**」があてはまる。

休まずに働くのが当たり前という業界では、「本日休業」のようなそっけない表示では通じないのだ。「休んでおります」も今は許されにくい。

「お休みを　いただいております」を避けるための方策は、いくつかある。まず「休ませて」に言いかえること。

「休ませて　いただいております」

次の方策は、「お」を取り去ること。

「休みを　いただいております」

だが、インターネットの用例は少ない。

解答

△「お休みを　いただいております」
△「休んで　おります」
○「休ませて　いただいております」
○「休みを　いただいております」

3d「いただく」と「くださる」

謙譲語「いただく」には、使いにくい点がある。

誤用の原因の一つは、だれの動作かがまぎれやすいことである。新幹線や商店街などで「毎度ご利用いただきまして」「毎度ご利用くださいまして」の両方を耳にする。同じ意味だと思ってしまうが、主語が違う。

「毎度（会社を）ご利用いただきまして」

「毎度（お客様が）ご利用くださいまして」

の違いで、「いただく」なら会社で、「くださる」ならお客さんである。このあとが「ありがとうございます」で終わるのなら、「いただく」、「くださる」のどちらを使っても謝意は表せるが、具体的な文章があとに来ると、ある場合には誤用になる。

某大学生協と契約している自動車教習所のビラが手に入った。「多くの○○大生がご通学頂いております」と書いてある。これだと○○大生たちがだれかに通学してもらうという意味になってしまう。正しくは「多くの○○大生にご通学頂いております」または「多くの○○大生がご通学下さっております」とすべきだ。

文化審議会（2007）「敬語の指針」でも

「先生が御指導くださった」「先生に御指導いただいた」

のまぎれやすさについて、論じている。

私を「先生が御指導くださった」だし、**私が**「先生に御指導いただいた」のだが、いちいちことばに出さない部分があるので、うっかり間違えるのだ。

敬語でない形に直せば、「いただく」、「くださる」の違いは「もらう」、「くれる」の違いにあたる。「もらう」、「くれる」は幼児が間違えるし、外国人にとっても厄介な使い分けである。成人の日本人が「もらう」、「くれる」を取り違えることは少ないだろうが、その敬語の形になると、使い慣れないせいもあって、間違いを犯すのだ。

このように「いただく」と「くださる」はまぎらわしい（3-2参照）。日本語では、分かり切っている場合主語を省略する。伝達上効率的ではあるが、省略した言い方だけに接していると、どっちでも同じように考えてしまう。

そのせいか、両方に使うことばもある。「**たまわる**」は、（私が）「結構なものをたまわりまして」では、謙譲語「いただく」だ。ところが「お言葉をたまわる」だと主語は二通りあって、謙譲（聞き手がいただく）にも、尊敬（話し手がくださる）にもとれる。目上の人（ことにかつては天皇）の動作に関わる表現だから、誤解があっては大変だ。ふつうこんな不便（または危険）な言い方は、避けられるのだが、なぜか未だに両方の使い方があるのだ。

3-9 場面別謙譲語の使い方①

どれが正解？

1.「ランチには　コーヒーが　付きます」
2.「ランチには　コーヒーが　お付きします」

あるレストランで帰ろうとしたら、「ランチにはコーヒーがお付きしますが」と言われた。別に＜ランチ様にコーヒーふぜいがへりくだって恐る恐るお付き申し上げる＞わけではなく、ウエイターがせっかちな客に丁寧に言おうとして出た敬語なのだろう。

これはちょっと言いかえれば問題ない言い方になる。

「ランチ（の方）にはコーヒーをお付けしますが」

これだと店の人が客のために「付ける」わけだから、ごく自然な謙譲語になる。ただし「付ける」が押し付けがましくひびくという難点がある。

これは聞き手に配慮して、文中の使えるところにできるだけ多く敬語表現を使って、丁寧さを増そうという動きの表れである。**謙譲語用法全体の丁寧語化**だ。使いすぎないように注意しないといけない。

喫茶店ウエイトレスの「すぐおすきいたしますから」という報告例も、同様。

尊敬語を使いすぎる傾向については、あとでふれるように「**所有傾斜**」が認められる（4-6、4c参照）。謙譲語でも同様である（終章3、終章4参照）。話題の主、相手に関係する部分にできるだけ多くの謙譲語・尊敬語を使って、ことばづかい全体を丁寧にひびかせようという傾向があるのだ。使いすぎは誤用とされるから、用心、用心。「過ぎたるはなお及ばざるが如し」。

謙譲語には、使いにくい点がある。もう一つの原因は使える動詞・文脈が限られることである。謙譲語は形としてはすべての動詞の前後に「お～する」を付けて作れるが、実際には相手に働きかけのあるような文脈でしか使われない。「お待ちする」「お持ちする」「お下げする」「お待たせする」「ご迷惑をおかけする」などは使う場面がすぐ思い浮かぶ。しかし「お殴りする」「お盗みする」というためには、おとぎばなしみたいな巧妙な場面設定をしないといけない。選挙候補者の「お訴えします」は謙譲表現としてぎりぎりの許容範囲だろう。

解答

○「ランチには　コーヒーが　付きます」
×「ランチには　コーヒーが　お付きします」

3-10 場面別謙譲語の使い方②

どれが正解？

1.「祖父が　亡くなりまして」
2.「祖父が　死にまして」
3.「祖父が　他界（永眠）しまして」
4.「祖父を　亡くしまして」

死にまつわる表現はできれば避けたい。話題にしたくない。そもそもタブー語で、避けたい言い方だから、次々に新しい言い方を生み出す。一緒にしては不謹慎だが、「雪隠《せつちん》」「御《ご》不《ふ》浄《じよう》」「お手洗い」「化粧室」など様々な呼ばれ方をするトイレの名前と似ている。

「死ぬ」はふつうの言い方だが、報道などでは「死亡する」という改まったことばを使う。「亡くなる」が日常的な言い方だろうが、動物には使わず、人間でも犯罪者などには使わないことを見ると、尊敬語の扱いだ。

Googleで検索しても、様々な人物が「なくなる」「亡くなる」の用例は、数万になる。

とはいえ、自分の身内が死亡したときの言い方は難しい。「亡くなる」は尊敬語だから使えないことになる。適切な謙譲表現も考えにくい。といって「（祖父が）死にまして」はあまりにも露骨である。

結局あまり使われない言い方を選ぶのが無難ということになる。新聞の死亡広告などの表現、「死去」「他界」などを見習うこともできる。ただし古めかしい、格式ばった印象を与える。しかも「逝去」「永眠」などは、語源から言うと尊敬語にあたるので、使いづらい（5-4参照）。

発想を変えて、「（私が）祖父を亡くしまして」「失いまして」という表現がある。Googleで死亡に関する様々な用例を検索してくらべたところ、家族・親族の死亡については「父（母）を亡くし」の検索結果が多い。

もっとも、「社長が」だと用例がそもそも少ないし、「友だちが」だと「死んだ」の類が多い。「～を亡くす」という表現を使えるのは、家族などの身内に限られる。

現在は「祖父が亡くなりまして」の類を許容するしかない。

解答

△「祖父が　亡くなりまして」
△「祖父が　死にまして」
△「祖父が　他界（永眠）しまして」
○「祖父を　亡くしまして」

第2部 尊敬語

尊敬語　話題の人、その人自身の行為・性質およびその人に所属するもの、その人に対する行為などに関して、話し手の敬意を含ませた表現。

（広辞苑第5版1998）

尊敬語　話し手が聞き手または話題の中の動作主、また、その動作・状態・事物などを高めて言い表すもの。

（大辞林第3版2006）

尊敬語　相手側または第三者の行為・ものごと・状態などについて、その人物を立てて述べるもの。

（文化審議会（2007）「敬語の指針」）

自己採点の方法

第２部には、基本的な常識問題が入っている。現代敬語の一番の基礎。社会人としては常識問題なので、

90%（22項目）以上はほしい。

70%（17項目）以上なら許せるが、用心が必要。

70%（17項目）未満は、見出しだけでも読み直すこと。

50%（12項目）未満は全部読み直して必要な表現を暗記すること。

（第２部の○印の総数は24項目）

正しい言い方を覚えて、すらすら口から出るようにするには、声に出すと効果的である。また敬語を口にするときは、かしこまった姿勢や態度にも連動して現れるので、その練習もすると有効だろう。

第4章

使いすぎ注意の尊敬語

4a 尊敬語の要点

尊敬語は相手（実は話題に出た高めるべき人物）に関して使う表現で、敬語の一番の中心、典型である。謙譲語にくらべると、使い方の原理は理解しやすく、誤用の報告も少ないので、第2部に回した。作り方も規則的で、よく使われるので、周囲の人の言い方に耳をすまして、まねれば、職場での適切な使い方が分かるだろう。

相手を高めて表す尊敬語の典型は、**「お（ご）～になる」**である。これは絶対に暗記が必要。

この尊敬語一般形以外に「おっしゃる、いらっしゃる、召し上がる」などことばの形自体が変わる尊敬語特定形があり、これも暗記が必要である。原理的に言うと、まず尊敬語特定形があるときはそれを使い、ないときに尊敬語一般形を使うことになる。従って、まず暗記すべきは、尊敬語特定形である。

この本でも尊敬語特定形に重点をおく。ことに二重敬語が最近話題になっているので、最初にとりあげる。

4b 第三者への敬語

尊敬語は、誰に関して使うかの判断が難しい（4d参照）。

文化庁（1999）では、「部長はきのう相撲を見に行ったんだって」という言い方を部長本人がいないところで言ったときの感じについて尋ねている。「本人がいないのだから、この言い方でよいと思う」が3分の2を占める。東日本の若い人に多い。敬語の使い方の変化がうかがえる。

文化庁（1999）で逆にその場にいない人への敬語の使いすぎも尋ねている。自分の知り合いが「御本をお書きになってね、出版記念会をなさるっておっしゃっているんですよ」という言い方を友人にしたときの感じについては、「友人にとって偉い社長なのだろうから、自然な言い方だと思う」が半数を占める。他人の敬語使用にはとやかく言わない人が多いようだ。

文化審議会（2007）「敬語の指針」では、聞き手に関係ない第三者に敬語を使うと違和感を持つ可能性がある、と書いている。使いすぎに釘をさしているわけだ。

4-1 二重敬語①「行く・来る・いる」

どれが正解?

1.「いらっしゃられる」
2.「いらっしゃる」

「いらっしゃられる」は二重敬語であり誤用。

「行く・来る・いる」には特別な形の尊敬語「**いらっしゃる**」が用意されているので、それを活用するのが原則である。「いらっしゃる」はよく聞くだろうから、暗記してすらすら出るように練習するとよい。ことに「いらっしゃいませー」は、接客業では必須表現である。

「いらっしゃる」の**語源**は、「入(い)ら+せ+らる」で、動詞「入(い)る」に敬語形の「せる」と「らる」の二つが付いたもの。そもそも非常に敬意の高い言い方だった。

ところが近頃もっと丁寧にひびく言い方として「**いらっしゃられる**」が使われる。「いらっしゃる」に「(ら)れる」敬語を付けたのだが、語源にさかのぼれば、「入(い)ら+せ+らる+られる」になる。「**二重敬語**」として識者に非難されるが、語源にさかのぼれば「三重敬語」とも言える。使っているうちに敬意の程度・鮮度が落ちて、新しい言い方が登場するという「**敬意低減の法則**」が、極端に働いた例である。

うわべだけことばを丁寧にして、慇懃《いんぎん》無礼《ぶれい》ととられたら損である。敬語に厳しい人が世の中にいるのだから、気をつける必要がある。「いらっしゃる」で十分。

ちなみに「行く・来る・いる」の尊敬語「いらっしゃる」の、可能の言い方は「いらっしゃ**れる**」になる。ちゃんと尊敬と受身の「いらっしゃられる」との区別ができる。

なお文化庁（2001）では「先生はいつ展覧会に行かれたのですか」について尋ねている。二重敬語と逆に、敬意の軽い「（ら）れる敬語」の場合である。「気になる」は２割以下であるが、その理由は「敬意が足りないから」と「間違った言い方だから」である。「（ら）れる」を使った敬語は、地域差があって、西日本ではよく使うが、東日本では不評である。「行く・来る・いる」の敬語としては「いらっしゃる」に頼るしかない。

解答

×「いらっしゃられる」
○「いらっしゃる」

4-2 二重敬語②「言う」

どれが正解?

1.「おっしゃる」
2.「おっしゃられる」

「言う」の尊敬語も、「**おっしゃる**」という特別な言い方が用意されているので、使いこなすべきである。

「おっしゃる」の**語源**は、「仰せ＋ある」で、その「仰せ」とは「負ほす」「負わせる」こと、つまりは「命ずる」こと。上位者のことばを命令・負担ととらえて表現して、尊敬語の用法が発達した。そもそも敬意の高い言い方だった。

ところが最近は、もっと丁寧に言おうとして、「**おっしゃられる**」と言うことがある。

語源にさかのぼれば、「仰せ＋ある＋られる」になる。「**二重敬語**」として非難されるが、語源にさかのぼれば「三重敬語」とも言える。これまた「**敬意低減の法則**」が働く例である。

「（ら）れる」を付けて敬語にするという方法はほぼすべての動詞に機械的に適用できるので、つい付けすぎたのだろう。すでに敬語の形をとっている「いらっしゃる」「おっしゃる」などに付ける必要はない。

一方せめてことばだけでも丁寧にしよう、きれいにしようという永遠の要求があると、この二重敬語が、ますます広がることになる。最近よく耳にするが、敬語関係の本ではそろって非難している。

もっとも文化庁（1996）で「おっしゃられた」が気になるか尋ねているが、「気になる」は全国民の中では2割程度にすぎない。しかし文化庁（2004）の報告では約3割に増えた。その理由は「丁寧すぎるから」が「間違った言い方だと思うから」よりやや多い。一方Googleでの検索では24万件という多さになっている。丁寧にひびくから失礼にはあたらない、というのが、一般の人のとらえ方なのだろう。

「おっしゃる」で十分なのにさらに「（ら）れる」を付けたこの二重敬語は、識者には非難されるので、「過ぎたるはなお及ばざるが如し」「君子危うきに近寄らず」で、使わないほうがいい。

解答

○「おっしゃる」
×「おっしゃられる」

4-3 二重敬語③「食べる・飲む」

どれが正解?

1.「お召し上がりになる」
2.「召し上がる」

単純に「二重敬語だからおかしい！」という議論は、過去を振り返ると、簡単には承服できない。「**お召しになる**」（着る）、「**お召し上がりになる**」（食べる、飲む）、「**お見えになる**」「**お越しになる**」（来る）も、語源をたどれば二重敬語だが、今は敬語用法の指導書にも、使いこなすべき言い方として、載っている。文化審議会（2007）「敬語の指針」でも認定しているから、これらは大威張りで使っていい。

文化庁（1999）では「鈴木さんはおいでになられますか」について尋ねている。「気になる」のは3割以下にすぎない。

文化庁（1996）では「どうぞおめしあがりください」についても尋ねており、「気になる」と答えたのは約1割で、一番少ない。今は正しいとされている敬語である。語源をたどれば「お～ください」+「めしあがる」の二重敬語だが、簡略にした「おあがりください」だと「入れ」の意味にもとれるので、「食べる」との区別のためには、認めていいだろう（6-1参照）。

二重敬語の例はほかにも多くあげつらわれている。

尊敬語一般形では、「お（ご）～になられる」「お（ご）～になっていらっしゃる」「お（ご）～される」「お（ご）～なされる」が使われている。

尊敬語特定形では、「**食べる**」で「召し上がられる」「お召し上がりになる」「お召し上がりになられる」「召し上がられる」。「**言う**」で「おっしゃられた」、「お越しになられる」「**行く・来る・いる**」で「いらっしゃられる」「見えられる」「お見えになられる」、「**見る**」で「ご覧になられる」、「**している**」で「されておいでになる」「なさられる」が指摘されている。

「**来ている**」の「お見えになられていらっしゃる」は四重敬語である。

ただしGoogle検索結果で個々の言い方を見ると、実際にはあまり使われていないようである。

さて、次の言い方は、二重敬語でない形に直せるだろうか。「お見えになられる」「お越しになられる」「おいでになられる」。正解は「お見えになる」「お越しになる」「おいでになる」。

解答

×「お召し上がりになる」
○「召し上がる」

4-4 二重敬語④「帰る」

どれが正解?

1.「お帰りになりました」
2.「お帰りになられました」

1-1で触れたように、**語源**をたどると、「お～**に<u>なる</u>**」は、物事が「自然に生じる」「成る」に基づくもので、高めるべき人の行動が逆らえないものであることを暗示する。江戸時代末期に江戸町人が使い始め、近代以降盛んになった。

その「なる」にさらに敬語の「られる」を付けるのは、行きすぎ。

文化庁（1996）で「お帰りになられました」が気になるか尋ねているが、「気になる」は2割程度である。

文化庁（1997）では、目上の人への様々な言い方について、自分の使うものを（いくつでも）あげてもらっている。その選択肢の中には**二重敬語**が入っている。「ご覧になられる」「お読みになられる」「お召し上がりになる」などで、「ご覧になる」「お読みになる」「召し上がる」に、さらに敬語形「られる、お～になる」を加えたものである。「使う」という人は、いずれも2割内外だが、都市部に多い。職業別では「商工サービス業・自由業」の使用率が目立って高く3割になる。お客さま＝神様という意識に基づく「商業敬語」の一端なのだろう。

ただし、「お帰りになる」で十分なのにさらに「れる」を付けたこの二重敬語は、まだ慣用として認めるには早い。

漢語を使うときは「ご～になる」になり、「ご使用になる」「ご帰国になる」のように使う。

2006年11月、東京メトロ（地下鉄）の録音による車内アナウンスで

「車椅子をご利用になられる方」

と言っていた。二重敬語だ。

一般に障がい者について言及するときに、敬語を使いすぎることがあるので、要注意。敬語を使っていることから差別意識を感じ取る人もいる。

解答

○「お帰りになりました」
×「お帰りになられました」

4-5 二重敬語⑤「見る」

どれが正解？

1.「ご覧になられる」
2.「ご覧になる」

「見る」を敬った漢語の**「御覧」**の**語源**は古くは「天覧」と同じように天皇が「見る」場合に使われた。その後、身分の高い人が「見る」意味でも使われ、のちには庶民、こどもに対しても「見て御覧」のように使われるようになった。

「ご覧になる」はこれだけで十分な尊敬語だが、これにさらに敬意の「られる」を付ける傾向がある。敬語の「れる、られる」をすべての関連する動詞につけてしまおうという、単純化の要求によって出てきた面もある。

なお「**ご覧に入れる**」は、見る人の動作を高めていう表現で、自分の動作を低める謙譲語。「見せる」の謙譲語特定形の「**お目にかける**」とも言えるし、謙譲語一般形を使って「**お見せする**」とも言える。

使っていると、それが当たり前になって、以前の言い方の価値が下がったように聞こえてしまうのだ。敬意の低減は、ことばのインフレとも言える。たとえは悪いが、麻薬中毒で使用量が増えるのと表面的には似ている。

二重謙譲語と言うべき例も報告されている。

謙譲語Ⅰの「お伺いする」「お伺いいたす」「お伺い申し上げる」も、謙譲語特定形「伺う」の前後に謙譲語一般形を付けているから、二重に謙譲表現を重ねているが、今は正用扱いで、文化審議会（2007）「敬語の指針」でも認定している（3-5参照）。しかし「お差し上げする」は、誤用である。

後述（第８章）の**「お」の付けすぎ**でも、「おみき・おみこし・おみおつけ」などで、二重・三重に「御」を重ねているが、日常は気にせずに使っている。丁寧に言おうとする気持ちが先立つと、さらに丁寧さを加えたくなり、結局二重敬語に頼ることになる。今はいくつかの先駆的な言い方については、慣用、正用として認めているのだ。**敬意低減の法則**の典型である。「お（ご）～される」は、近い将来慣用として市民権を得る可能性もあると、ある敬語の入門書には書いてある。自分では使わないが、他人の使っているのにまで目くじらたてたら、生きていけない。自らには厳しく、他にはゆるやかにという人生訓が、この新形式には生かされる。慣用には寛容さが肝要だ。

解答

×「ご覧になられる」
○「ご覧になる」

4-6 所有者敬語

どれが正解？

1.「お宅に　犬が　いる」
2.「お宅に　犬が　いらっしゃる」

「お宅の犬はよく芸をなさいますね」と言った客、「牛がたくさんいらっしゃるんですね」と言ったセールスマンが、これまで敬語指導書に報告されている。犬や牛にまで敬語を使うとからかわれながら、着実に広がっている。

敬語は、形だけが整っていても、不十分。どんなときに使うかもわきまえないといけない。日本語の難易度を高めている最大要因でもある。敬語がなければ日本語は外国人に使いやすいし、日本人自身も使いやすい。しかしそれでは味気ないというのが、世論調査による日本人の信念である。敬語を使いこなせるかどうかで、育ちやしつけを勘ぐる人もいるので、御用心。

人間だったら、「あの家にはお嬢さんがいらっしゃるようで」のように、目上の人でなくとも、本人のいない場でうわさする場面でさえも「いらっしゃる」という敬語を使う。

また「お子さんはよくおできになりますから」は自然

な敬語とされている。

この論理だと、犬も家族の一員扱いなら可になりそうだが、犬についてまで尊敬語を使う必要はない。

文化庁（2000）では「ご注文の品はすべておそろいになりましたか」が気になるか尋ねている。「気にならない」が実に7割。同様に「就職はもうお決まりになったのですか」も「気にならない」が6割。犬と注文の品や就職では、受け取り方が違うが、敬語を多く使うのは気にならないようだ（9-12参照）。

文化審議会（2007）「敬語の指針」では「御注文の品はおそろいになりましたでしょうか」について、「御注文の品はそろいましたでしょうか」を推奨し、さらに「御注文の品は以上でよろしいでしょうか」と言えばよいとしている。

なおNHK（1996）の世論調査も関係する例文を調べている。（生徒が先生に）「ネクタイが曲がってらっしゃいます」をおかしいとする人は4割。モノに敬語を使うのに抵抗を覚える人は、ちゃんといるのだ。変に使うと「敬語を知らない」と思われるから、乱用を控えよう。

解答

○「お宅に　犬が　いる」
×「お宅に　犬が　いらっしゃる」

4c 所有傾斜

聞き手本人や話題になった第三者どころか、聞き手の所有物までに敬語を使う現象も見られる。ある言語学者の分析によれば、持ち主から切り離せない所有物と見なされるものほど、多く敬語が使われる傾向が見られる（角田太作『世界の言語と日本語』）。昭和天皇崩御の際の報道に観察された例を整理して、「**所有傾斜**」と呼び、他の言語でも似た現象が見られると指摘した。

1身体部分、2属性、3衣類、4愛玩動物、5他の所有物、の順に受け入れやすいとする。例文は以下のよう。

1身体部分、「天皇陛下の脚はめっきり弱くなられました」は自然な文である。

2属性、「陛下の意識がおありになる」は、やや自然さが落ちる。

3衣類、「天皇陛下のお帽子が少し古くなられました」は、自然さがさらに落ちる。

4愛玩動物、「天皇陛下の愛犬が病気になられた」は、不自然。

5他の所有物、「天皇陛下のお車が故障なさいました」は、もっと不自然。

角田氏のあげる以上のスケールで、これまで報告された様々な例の不自然さの説明ができる。

この類は、敬語関係の本から拾うと、たくさんの誤用例が見つかる。「所有傾斜」に従って並べてみると、あとのほうほど不自然さが増すと感じられるだろう。尊敬語を使うにしても、微妙な基準がある。以下は文脈がよくないので誤用になるのだ。しかし敬語の形は正用だから、覚えるにはいい。

（血圧が）おさがりになりません
（目が）お疲れになる
（努力が）みのられる
（下着が）はみだされています
（小鳥が）お歌いになる
（盆栽が）おありになる
（資料が）まわっていらっしゃる
（社長の車が）パンクなさった
（浴室にはトラップが）付いていらっしゃる
（別荘が）お燃えになる
（経済情勢が微妙になって）いらっしゃる
（雪が降って）いらっしゃる

この誤用例から、聞き手に関係することにできるだけ敬語を使おうという意図がうかがえる。言いかえれば、丁寧に表現できるところをできるだけ敬語に変えて、少しでも丁寧さの程度を上げようという傾向がある。4dで述べるように、丁寧さを上げる動機は、聞き手や改まった場面への配慮であり、話題の人物は二の次である（3-9、4-6、9b、終章4参照）。

4d 聞き手重視の傾向

日本語敬語の歴史の流れの中で、最近の変化を手がかりとして考えてみると、**聞き手重視の傾向**が見られる。対話の敬語、人間関係への配慮と言える。典型は第三者への敬語で、具体的用法を見ると丁寧語と連動する傾向が見える。

生徒・学生が先生の姿を見て「来た来た」というのが典型で、眼前にいない（聞こえる範囲内にない）人には敬語を使わない。しかしこれはダ体で話しているときのこと。デスマス体で話すときには、使えるところではできる限り敬語を使おうとする。共通語の本来の敬語としては、話題の人物と相手をひきくらべて、話題の人物にはあまり程度の高い敬語を使わないのが正しいとされているが、その原則に逆らう敬語使用になる。例えば顧問の先生を前にして「先輩もいらっしゃるんですけど」と言ったり、教授を前にして「（助手も）おいでになりました」と言ったりする（4b参照）。

その場に居合わせないまったくの第三者についても、改まった場では敬語を使うという慣習が観察される。

議員の発言の「障がい者の方が改良なさった」なども改まりの敬語用法と解釈できる。

NHK（1987）では、第三者への敬語として、「友達と恩師のうわさをして」「行く」をどう言うかを尋ねている。

東京・大阪ともに「いらっしゃった」「おいでになった」「行かれた」という敬語のある言い方が多い。

これは面前の相手への配慮で、話し相手とその関係のものにできるだけ多く敬語を使う傾向である。つまり話題の人物への敬語のはずの尊敬語・謙譲語が、丁寧語と連動して使われる。丁寧語は聞き手への配慮を表し、文の丁寧さを表すのだが、今や尊敬語・謙譲語は丁寧語の強化手段として使われているのだ。**敬語自体の丁寧語化**とも言える（終章5参照）。

4-7 「〜でいらっしゃる」の使い方

どれが正解？

1. 「お宅で　いらっしゃいますか」
2. 「お宅で　ございますか」
3. 「お宅　ですか」
4. 「お宅　でしょうか」

電話の応対では「〜さんのお宅でございますか」が問題になる。丁寧語「です」のもっと丁寧な言いかえだとしたら「〜さんのお宅でございますか」だが、あまり聞かない。代わりに「〜さんのお宅でいらっしゃいますか」を耳にする。

文化庁（1998）の結果を見て事情が分かった。電話をかけるときの言い方で、一番よいものを選ぶ方式で聞いて、相手が友人宅のときは「山田さんのお宅ですか」が圧倒的である。「山田さんのお宅でいらっしゃいますか」は1割、「山田さんのお宅でございますか」も1割である。ところが、相手が世話になった先生宅のときは「山田先生のお宅ですか」は減る。「山田先生のお宅でいらっしゃいますか」が4割に増える。東京都区部、若い女性に多い。「山田先生のお宅でございますか」も3割に増えるが、四国、老年女性に多い。この数字から見て、「お宅でございますか」は今は古めかしいと見当がつく。今後丁寧な言い方が広がるとしたら「お宅でいらっしゃいますか」だろう。

「私でございます」のように「である」の謙譲語、「です」より一段敬意の高い言い方を、相手方に使うのは不適切と感じられるのだろう。「でいらっしゃる」は「でいる（行く・来る）」にあたる尊敬語で、「（ご）丈夫でいらっしゃる」とも言うし、ということで、電話の会話で使われるようになったのだろう。

相手のことについて使う敬語の「いらっしゃる」が丁寧語の「です」「でございます」の代わりに使われているわけで、本来の**尊敬語から丁寧語に変化**している（7-3、終章3、終章4参照）。

解答

△「お宅で　いらっしゃいますか」
△「お宅で　ございますか」
○「お宅　ですか」
○「お宅　でしょうか」

4e「〜でいらっしゃる」の丁寧語用法

電話での「お宅でいらっしゃる」の使い方は、丁寧語としての用法に近づいている。「です」「でございます」と置き換えが可能であることが証拠である。

最近の「**書いてございます**」という言い方も、丁寧語として使われているが、「**ござる**」は、もともとは「お地蔵さんが見てござる」のように尊敬語だった（7-3参照）。

丁寧語は日本語の歴史から言うとのちに（ほぼ中世以降）出た言い方だが、謙譲語から出たものと、尊敬語から出たものがある。

謙譲語の一部が丁寧語の用法に近づいていることに着目して「謙譲語Ⅱ」または「丁重語」と呼ぶことがある（終章３参照）。本書でふれた「参る」「申す」「致す」などが、話題の人物（または聞き手）への謙譲とはとらえられない場面で使われる例を説明するためである。尊敬語の「いらっしゃる」も「丁重語」に近い。「尊敬語Ⅱ」と呼びたくなる（4f、終章４参照）。

現代の敬語は、用法自体が聞き手への配慮という単純方向に変わりつつあって（終章５参照）、永い過渡期的状況の一段階なのである。それを説明するために、敬語形の分類まで細分するのはいいが、一般人に広めるのは苦労が多い。

これに関わる表現で、敬語指導書では、

「いかがでいらっしゃいますか」

「(お変わりも) いらっしゃいませんか」

「(元気で) いらっしゃる」

をあげつらっているが、相手の状態についての表現なので、**「でいらっしゃる」**は受け入れられていると考えていい。

ちなみにGoogleでの用例検索によれば、「いかがでいらっしゃいますか」の検索結果は約800件で、少ないが、この表現を勧めている敬語のページもあるくらいである。時代は変わった。

ケータイが普及して、イエデンのマナーは縁遠くなり、再教育の必要が出てきた。

「どちら様でいらっしゃいますか」は、会社への電話の応答でよく使われる。

Googleでの用例検索によれば、「どちら様でいらっしゃいますか」の検索結果は約100件と少ないが、接客マニュアルめいたページでの用例もある。

日本語教科書風のホームページにも、次が模範例文として載っている。

「山本さんでいらっしゃいますか。」

「あの方はどなたでいらっしゃいますか。」

もっと丁寧な言い方へと、なびいて行くのだろう。敬語の盛衰は激しい。

4-8 疑問表現

どれが正解?

1.「紅茶は　いかがですか」
2.「紅茶を　飲みたいですか」

目上・目下の関係は、日本語では重要な基準で、いわゆる敬語以外にも表れることがある。「紅茶を飲みたい(の)?」のように相手の欲求を尋ねるのも、目下にはいいが、「紅茶を飲みたいですか」と目上に尋ねるのは不自然である。

敬語の形を最上級にして、

「社長、紅茶をお飲みになりたくていらっしゃいますか?」は、社長の好みや習慣をよく知っている秘書が言っている場面だと、気をきかせている感じで、許せる。

たまに訪れた客などはそうでもないから、「紅茶はいかがですか」と、別の言い方を使うほうがいい。

英語の

Would you like to drink tea?

を直訳したという説もある。

ところが日本語でも、こどもにだったら

「紅茶(を)　飲みたい?」

と聞く。もちろん「いかが」を「どう」に変えて

「紅茶（は）　どう？」

とも聞く。どうも英語の訳の影響ではなさそうだ。

相手の意向や能力を尋ねる表現で、不適切として敬語指導書にあげつらってあるものには、次の例がある。能力や意向の質問の形をとっているので、場合によっては失礼な感じを与える。

「いらっしゃりたいですか」「ゆかれたいですか」「呼んでほしいですか」「したいですか」「お分かりになりましたか」「お分かりですか」「お分かりになりますか」

目上には聞いていけない質問があるわけで、厄介なことだが、これは外国語でも同様だから仕方がない。女性や地位の高い人の年を聞くのが失礼であるのと、似ている。

また「～させる」というような使役の表現はふつう目上には使わない。「していただく」と言い表すほうがいい。目上・目下の関係がひびくのは、狭い意味の敬語だけではない（終章2参照）。

解答

○「紅茶は　いかがですか」
×「紅茶を　飲みたいですか」

4f「〜たくていらっしゃる」の丁寧語用法

相手の意向をぜひとも尋ねたいときに、ことばだけを丁寧にする技法があり、それが「〜たくていらっしゃる」である。電話の会話の「お宅で　いらっしゃいますか」が広がりつつあるのと同じメカニズムで、徐々に勢力を伸ばしている。

これに関して文化審議会（2007）「敬語の指針」でも、「細い」「積極的」を敬語にする手段として、「指が細くていらっしゃる」「積極的でいらっしゃる」を提案している。

ただし「たくていらっしゃる」の検索結果はGoogleでは100件以下で、わずかしかない。中に、以下のような例がある。

「〜さんあの頃に戻りたくていらっしゃるんだろうと」

「〜は居たくていらっしゃるわけではありません」

「知りたくていらっしゃるのではないでしょうか」

「・・・とはどういうものか知りたくていらっしゃる方が増えているようなので」

「・・・お仕事をしたくていらっしゃるのでしょうか」

「〜たくていらっしゃる」の前段階の言い方は、「〜たくございます」「〜とうございます」だろう。

Googleの用例を見ると、「おめでとうございます」「ありがとうございます」が大量に出る。それらを除くと、時

代小説の例が多く、古めかしい。中に

「メキシコに勝っていただきとうございます」

「〜さまにおくり物をしとうございます」

のような例が見つかる。

「〜たくございます」「〜とうございます」は、現在なら「です」を直接付ける言い方が普及したので、「〜たいです」で言いかえられる。つまり丁寧語である。

ということは、その後身とも言うべき「〜たくていらっしゃる」は、**丁寧語的な用法**になっているわけだ。

4eで述べたと同様に、尊敬語の一部が丁寧語的に（丁重語に）なりつつある。

そういえば丁寧語の一つ「でございます」は語源から言うと、「にて＋御座＋ある＋ます」で本来尊敬語だった。今「〜でいらっしゃる」「〜ていらっしゃる」が同じ道をたどろうとしているわけだ。

変化の途中段階だから、そのために敬語の分類を変えるのは、混乱を招く（終章3参照）。

第5章

間違いやすい尊敬語

5a 尊敬語一覧

尊敬語は、日常使う機会が多い。尊敬語一般形の「お（ご）～になる」「～（ら）れる」は、多くの動詞に規則的に使えるから覚えがいがある。しかし、尊敬語特定形があるときにはそれを使う必要があるから、論理的には、まず尊敬語特定形を丸暗記することが先決である。特定形が用意されていないときに、一般形「お（ご）～になる」「～（ら）れる」を適用するのだ。

尊敬語特定形は10個程度覚えればよい。しかもよく使うのは数語にすぎない。

よく使われる、重要なものを**太字**にした。また文化審議会（2007）「敬語の指針」であげられた語には下線を付けた。

■尊敬語特定形一覧

おっしゃる　言う

いらっしゃる　行く　来る　居る

おいでになる　行く　来る　居る

なさる　する

お越しになる　来る

見える　来る

召し上がる　食べる　飲む

召す（お召しになる）　着る　（乗る）（年をとる）　呼ぶ

ご覧になる　見る

下さる　くれる

■尊敬語一般形一覧

念のために尊敬語一般形もあげる。文化審議会（2007）「敬語の指針」であげられた語には下線を付けた。

お（ご）～になる

～（ら）れる

～なさる

お（ご）～だ

お（ご）～くださる

5-1 「ご～になれる」の付け方①
「乗車する」

どれが正解?

1.「ご乗車になれません」
2.「ご乗車できません」

「回送電車のためご乗車できません」のような表現は、電車のホームで耳にするが、本来は誤りである。字句どおりだと謙譲語だから、乗客が電車に〈「御乗車申し上げる」ことができない〉という意味になるのだ。何しろ乗客が電車に敬意を払いながら、へりくだって乗り込む（ご乗車する）わけではないから。

乗客の動作の尊敬語なら「ご乗車になる」である。その可能は「**ご乗車になれる**」が正しい。

「**お（ご）～できる**」は、謙譲語「お（ご）～する」の可能の言い方なのだ。謙譲語「お（ご）～する」の「する」の部分を可能の言い方にするためには、「できる」という形を使うしかない。自分をへりくだって表す言い方の可能は、「**お（ご）～できる**」しか使われない。相手に恩恵を与えるような文脈で「明日までにお届けできます」「ご用意できます」のような例だ。これと同じになるとまずいので「お～できる」は、相手を高めて表す尊敬語には使えないというわけだ。「お（ご）～になれる」は、しかし長ったらしい。結局「お（ご）～できます」という言い方については、使い方がまぎれつつあるわけである。

「お（ご）～できる」を、相手を高めて表す言い方として使うのは、誤用と指摘されるが、実際には「お求めできます」「ご乗車できませんので、ご注意願います」などはよく聞く。「お求めになれます」「ご乗車になれません」が正しい表現なのだと、敬語の本には書かれているが。

世論調査を見ると、文化庁（1998）では「ご乗車できません」について「正しくない」と答えた人は3割にすぎず、文化庁（2005）の追跡調査では、3割弱で、やや減ったにすぎない。耳慣れてしまった人が多いようだ。

文化審議会（2007）「敬語の指針」では、「ご乗車になれません」以外に「ご乗車はできません」「ご乗車いただけません」などの言いかえを提案している。別の表現を持ち出して、問題を避けているわけだ。

解答

○「ご乗車になれません」
×「ご乗車できません」

5-2 「ご〜になれる」の付け方②「利用する」

どれが正解?

1.「ご利用できます」
2.「ご利用になれます」

尊敬語を使った「お〜になる」について、「できる」という可能の意味を表すためにはどう言ったらいいだろうか。正解は「なる」を「なれる」に変えた「お〜になれる」である。これは理論的に考えると分かる。

相手を高めて表す尊敬語は、「お(ご)〜になる」が典型。

自分をへりくだって表す謙譲語は、「お(ご)〜する」が典型。その可能、「できる」という言い方は、次のようになる。

謙譲語「お(ご)〜する」
「する」の可能 =「できる」→「お(ご)〜できる」
尊敬語「お(ご)〜になる」
「なる」の可能 =「なれる」→「お(ご)〜になれる」

従って「お(ご)〜できる」を相手の動作の尊敬のために使うのは間違いである。

次の例も同様の誤用である。

「お求めできます」

「ご同行できる」

「お乗りできません」

「ご利用できます」は、かつて東京都某区商店会のステッカーにあった。JRの駅内の掲示でも見る。本来誤用とされた敬語も、多く使われると抵抗感が薄れるのだろう。

「ご利用できません」「ご乗車できません」の類がますます世に広がるのは、理由があるからだ。考えられるのは、後述（5-3）の**「ご利用される」「ご利用していただく」**の類と同じメカニズムによる誤用である。「ご〜する」が今、謙譲語以外の用法になりつつある。誤用とされる「ご利用＋して」の可能は、「ご利用＋できる」である。その否定は「ご利用＋できません」だ。「ご利用＋していただく」のような、いわゆる誤用の拡大過程として、「ご利用＋できません」が位置づけられるのだ。

解答

×「ご利用できます」
○「ご利用になれます」

5-3 「お（ご）〜される」の付け方① 「利用する」

どれが正解？

1.「ご利用される」
2.「利用される」
3.「利用なさる」

「ご利用される」もよく耳にする例である。尊敬語として「お（ご）〜される」というのは、おかしいと言われる。しかし、実際にはかなり使われる。「当店をご利用される方」「ご入会される方」「ご参加されませんか」などは、敬語の実用書で「ご」を取り去って「利用なさる方・される方」「入会される方」「参加なさいませんか」というのが正しいと、指摘されている。

Googleでの検索でも「ご利用される」は約200万件で大変多い。しかも以下のように日本政府某省や大手旅行社のサイトにも使われている。

「電子申請・届出システムを初めてご利用される方に」

「成田空港をご利用されるお客様へご案内」

「利用」という単語を取り出して、それに「お（ご）」を付けたという解釈も可能である。これも切り方の問題で「ご利用＋される」ととらえるのだ。

そもそも「れる・られる」の敬語を付けるのは、西日本式の言い方で、東京には近代以降、とくに戦後広がった。「降りられますか」「食べられますか」「運転されますか」の類だが、敬語の意味で使っているのか、可能（または受身）の意味で能力を尋ねるために使っているのか分かりにくいという難点があった。

「する」にこの「れる・られる」を付けた尊敬語「される」の前に、さらに「お・ご」を付けて丁寧にひびかせようとすると、「お（ご）～＋される」が出てくるわけである。

増えてはいるが、まだ耳慣れないし、論理的には「ご利用される」は今のところ用心すべきである。

なお以上の「られる敬語」を付けた「お（ご）～される」とよく似た「お（ご）～する」（してください、していただく）は、謙譲語として第１章で扱った。

文化審議会（2007）「敬語の指針」では、「ご利用される」は「規範的には適切な敬語ではない」と誤用を匂わしている。

解答

△「ご利用される」
○「利用される」
○「利用なさる」

5-4 「お（ご）〜される」の付け方②「出発する」

どれが正解？

1.「ご出発される」
2.「出発される」

「旅行へご出発されるお客様へ」のような使い方である。

文化庁（1996）で「御出発される」が気になるか尋ねているが、「気になる」は約3分の1にすぎない。文化庁（2004）の報告では4割に増えた。その理由は、「丁寧すぎるから」が「間違った言い方だと思うから」よりやや多い。いずれにしろ、使わないほうが安全である。

「出発する」の敬語なら「出発される」「出発なさる」でいい。また「御出発なさる」または（古めかしいが）「御出発になる」という言い方もある。「御出発される」は、その両方を足したもので、**二重敬語**と考えられるが、気づかぬうちに広がりつつあるようだ。

インターネットで用例を見ると、「出発される」の検索結果約6万件にくらべて、「ご出発される」の検索結果は約2万件である。また「出発なさる」「ご出発になる」「ご出発なさる」は大変少ない。

実際の文脈を見ると、無敬語の「出発する」でも十分、「出発される」も許せる範囲である。「ご出発される」は耳慣れない言い方なので、わざわざ使う必要はない。

漢語がそもそもあまり使われないので、すべての動詞を敬語形にする必要はない。

「(ら) れる敬語」はすべての動詞に規則的に付くというのでかつて文部省・国語審議会（1952）の「これからの敬語」で推賞されたが、受身とまぎれるという欠陥がある。

「お＋漢語＋される」の誤用は、敬語指導書を見ると類例が多い。「お掃除される」「お辞儀される」「ご結婚される」「ご発言される」「ご心配される」「ご用意される」「ご要望される」「ご指導される」「ご研究される」「ご講演される」「ご成人される」「ご執筆される」など、たくさんの誤用例が見つかる。現在増えつつあるらしい。

文化庁（2000）では「○○様は昨日御逝去されました」が正しく使われていると思うか尋ねている。「正しく使われている」は何と7割を越える。形としては敬語を使っているし、耳慣れないために受け入れているようである。正しくは二重敬語を避けた「逝去しました」で十分である（3-10参照）。

解答

×「ご出発される」
○「出発される」

5-5 「お（ご）～される」の付け方③「話す」

どれが正解？

1.「社長が　お話しされる」
2.「社長が　お話しになる」

社長が話すのなら「お話しになる」が正解だが、背景の事情は複雑だ。まずこの場合聞き手が自社内だけであることを確認する必要がある。ソト、ヨソの人相手だとしたら、「お話しします」「お話しいたします」「お話し申し上げます」のように謙譲語を使う必要がある。

目上または相手側の人の動作について、**「お～される」**と表現する例は、最近広がってきた。敬語の本などにもあまり指摘されていないので、使う人も耳にした人も誤用という意識が薄い現象である。

「さっきそちらの課長がお話しされたように・・・」のように言う例である。

「お話しされる」は、論理的には誤用と言うしかない。**「お～する」**は自分側の動作をへりくだって表現する謙譲語なのだから、それに**「れる・られる」**の尊敬語を付けて**「お～される」**というのは論理的におかしい。

ただし、まったく別の説明も可能だから、厄介だ。尊敬語として以前から使われていた「お～される」とは別に、「話」（をする）という単語に尊敬語の「お」を付けて「お話」（をする）と表現したのだとも説明できるからだ。つまり「お話＋される」という切り方で、どこで切るかの問題である。

文化庁（1998）では「〇〇さんがお話しされた」について尋ねているが、「正しいと思う」人が7割を占め、「正しくない」は2割にすぎない。現代敬語として認めざるを得ない感じである。「正しいと思う」は北陸・中国・四国に多く、若年層以外に、意外に老年層にも多い。これに対して「正しくない」は、大都市の壮年層、管理職・事務職に目立つ。ここから、西日本起源で徐々に広がってきたが、共通語の「正しい」敬語を支えてきた中堅層・知識層にはまだ受け入れられていない、という図式が浮かび上がる。

Googleでの検索でも、「お話しされる」の検索結果は約6万件で、多い。ただし正しい尊敬語「お話しになる」の検索結果約13万件には及ばないから、本来の言い方は健在である。

解答

△「社長が　お話しされる」
〇「社長が　お話しになる」

5-6 「～れてください」の付け方①「記入する」

どれが正解？

1. 「ご記入されてください」
2. 「ご記入ください」
3. 「記入されてください」
4. 「記入してください」

「（ら）れてください」は、九州で近年広がった言い方で、他の地方ではまだ抵抗がある。

最初の使用報告が福岡県の病院だが、東京でも看護師さんが使うのを耳にした。「（ら）れてください」を暗記して、ほぼすべての動詞に規則的に付ければいいのだから、作りやすく便利な言い方なのだろう。丁寧すぎず、相手への要求（うっかりすると命令になる）を和らげることができる。

ただし、聞き慣れない人には誤解される恐れがあり、敬意が通じないこともある。失礼には聞こえないが、全国共通語としてはまだ採用には早すぎる。

「する」の付く動詞（サ行変格動詞）は数が多いので、それに「れる」を付けた敬語の「されて」も多く表れるはずである。

「されてください」のインターネット検索結果は、何と約40万件近くに及ぶ。「来院されてください」「勉強されてください」のように色々の動詞に使われる。

また前に「お」や「ご」が付くこともある。

「表記に従ってお洗濯されてください」

「必ずご記入されてください」など。

九州で広がったときには「(ら) れてください」を付けるだけで十分だったのが、前に「お」「ご」を付けて**二重敬語**にして、さらに丁寧にしたわけだ。ここにも**敬意低減の法則**があてはまる。

前に「お（ご）～」が付く例は、新尊敬語「お（ご）～される」(5-3～5-5) と連続性がある。

いずれも東京ではあまり耳にしない言い方なので、不適切な敬語と言える。

解答

×「ご記入されてください」
○「ご記入ください」
×「記入されてください」
○「記入してください」

5-7 「〜れてください」の付け方②「取る」

どれが正解？

1.「ご自由に　お取りください」
2.「ご自由に　取られてください」

鹿児島県奄美大島のホテルのフロントで、無料サービスの地元みかんを盛ったかごのそばに、「ご自由に取られてください」と、手書きで書いてあった。

受身の意味で、「盗まれてください」の意味にも解釈される。

しかし普通は「盗《と》る」ことを受身で要求することはないので、よく考えれば、誤解はない。西日本では「られる」を敬語の意味でよく使うことが分かれば、「取ってください」を敬語にしたと見当がつくはずである。東京風の敬語なら「お取りください」になる。

インターネットでは、「取られてください」という表現だけでも1000件近くあって、「れてください」で検索すると約10万件にも及ぶから、かなり広がっている。そのうちに「詳しくは説明会で拝聴されてください」とある。「拝聴」という（謙譲語を相手の動作に使う）明らかな誤用例を使う人が、同じ文の中で使うくらいだから、まねないほうがいい。

「試食されてください」と書いてあったのは、長崎市の店頭のお菓子の広告。展示されている場所から言ってそのお菓子を「試食してください」の意味だろうと見当がつくが、共通語では言わない。

もしも動物園の人食いワニか猛獣の檻《おり》の前に何か食べ物が置いてあって、「試食されてください」と書いてあったら、どんな意味になるだろうか。うっかりすると人間がワニか猛獣に食べられることと勘違いする人が出るかもしれない。

東京では「れる・られる」は敬語で使われて以来日が浅いので、受身の意味で使われることが多いためだ。

次のような例文だと、どうも不気味な意味に誤解されそうである。

「付属のナイフで切られてください」

「要らなくなったら捨てられてください」

「庭の隅に埋められてください」

文化庁（2000）では「こちらで待たれてください」が気になるか尋ねている。「気になる」が実に8割。まだ受け入れられていない。ただし九州では「気になる」が少なくて、九州起源であることを示している。

解答

○「ご自由に　お取りください」
×「ご自由に　取られてください」

第6章 ちょっとお粗末な尊敬語

6a 悪口（卑罵語）の敬語

尊敬語一般形の「お（ご）〜になる」は、暗記すべき表現だが、いつも使えるわけではない。

敬語にするのはそもそも品のいい言い方にするわけだから、汚いことばを敬語にしても、意味はない。

「悪口をおほざきになる」「へをおこきあそばす」「くそをおたれなさる」などが、理論的には作れるし、ふざけて使う人がいるかもしれないが、実用にはなりにくい。形として作れないわけではないが、敬語の根本精神と矛盾するから耳にしない。

例えば

「おくたばりになる」

は、言い方自体が汚い。敬語と不釣合いである。

上の例のようなののしりことばには、ちゃんと「〜やがる」という専門の（**卑罵《ひば》語**と言う、逆敬語とでも言えそうな）言い方があるので、その方面の言語能力のたけた人なら、

「悪口をほざきやがる」「へをこきやがる」「くそをたれやがる」「しやがる」「やりやがる」「くたばりやがる」というような、釣り合いのとれた言い方を使えるはずである。ただしうっかり使うと、人柄または育ちが知れるので、知っていても使わないほうが無難である。なお筆者はこの例を思い浮かべるのに非常に時間を要し、参考文献からやっとのことで拾い集めた。

ある敬語の本では以下の言い方に言及してある。これも不適切と感じられる。

「おボケになる」「おやっつけになる」「おくたばり遊ばす」「おつぶれになる」「おこけになる」「お投げ捨てになる」「ご失敗になる」「おはげになる」「おバテになる」「ご倒産になる」「ご落選になる」「ご留年になる」

これらは、他に言いかえがないから仕方がないが、本人の目の前ではそもそも話題にしない言い方だろう。その場にいない目上の第三者にだったら使うかもしれないが。

ただし最近の傾向として、その場にいない人には敬語を省略する傾向があるので（終章5参照）、以上の言い方が実際に使われるチャンスは減ったと思われる。

6-1 お粗末尊敬語①「食べる」

どれが正解?

1.「お食べに　なりますか」
2.「召し上がりますか」
3.「お上がりに　なりますか」
4.「お召し上がりに　なりますか」

「お食べになる」はおかしい。よく使われる言い方については、敬語の特別の言い方、尊敬語特定形が用意されているので、それを使うのが正しい敬語である。

ちょうど英語の動詞で、不規則活用動詞があるときには規則活用を使うとおかしいのと同じ。例えば、I made は正しいが I maked はおかしい。英語の不規則動詞は、暗記するしかない。

日本語でもよく使う敬語動詞では、不規則活用にあたる尊敬語特定形が用意してあるので、これを暗記して使いこなせることが必要。社員の訓練や、マナーの学校では、中学校の英語の授業と同じように、先生の言った普通の言い方を敬語の言い方にかえて、声に出して唱える練習をするほどである。先生が「食べる」と言ったら、生徒が「召し上がる」と大声で唱えるのだ。

ただし最近は、「お食べになる」はかなり使われる。

Googleで検索したところ、約1万件以上で、多い。とはいえ、正しい言い方の「召し上がる」の検索結果約50万件とはくらべものにならないほど少ない。

この誤用は最近多いので、世間の目も厳しくないが、敬語を使いこなすためには、「召し上がる」がすらすら口から出るようにしたい。

「食べる」の言いかえ敬語は、ほかに「上がる」などがあるが、あまり使われない。「上がる」は「食べる」「飲む」以外に「(家に) 入る」の意味でも使われるので、意味があいまいになりうる (4-3参照)。実際の場面で誤解が起こりそうな表現は自然に使われにくくなるようだ。

なお「お召し上がりになりますか」はよく使われて、インターネットでの検索結果は約11万件もある。しかし二重敬語で、やはり誤用。

解答

×「お食べに　なりますか」
○「召し上がりますか」
○「お上がりに　なりますか」
×「お召し上がりに　なりますか」

6-2 お粗末尊敬語②「言う」

どれが正解?

1.「言われますか」
2.「おっしゃいますか」
3.「お言いに　なりますか」
4.「おっしゃられますか」

「お言いになる」はインターネットでも用例があり、戦後まもなくの国会議員が使った例も見つかる。しかし尊敬語特定形の形が最初から用意されている言葉はそれを使うのが原則。従って「おっしゃいますか」が正しい言い方。

同様に「お行きになる」「お見になる」「お着になる」もおかしい。「いらっしゃる」「ご覧になる」「召す」が正しい。とくに1音節の動詞に「お～になる」は付きにくいようで、Googleでは「お見になる」の検索結果は、大変少ない。

なお「おっしゃられますか」は前述の二重敬語。

解答

○「言われますか」
○「おっしゃいますか」
×「お言いに　なりますか」
×「おっしゃられますか」

6-3 お粗末尊敬語③「する」

どれが正解?

1.「おやりに　なる」
2.「なさる」

「ゴルフをおやりになるんですか?」のような言い方。本来はふさわしくない敬語として、敬語指導書では非難される。とはいえ、「おやりに　なる」はかなり使われている。Google検索では10万件近い。

「する」を「やる」というのは、俗っぽい言い方で、敬語にはそぐわない。しかし最近は使われ方が違ってきたので、「お～になる」を避けて、「やる」に「(ら) れる敬語」を付けるという手段も可能だが、「やられる」になる。常識的には受身の意味で、敬語ととる人はいないだろう。

従って、「する」の代わりに口語的な「やる」を生かした敬語を作ろうとするとほぼ自動的に「おやりに　なる」になるわけだから、今はうるさく言えない。

解答

△「おやりに　なる」
○「なさる」

第3部 丁寧語・美

丁寧語　相手に対する話し手の直接の敬意を表現するもの。

（広辞苑第５版1998）

丁寧語　話し手が、聞き手に対して敬意を直接表したり、改まった気持ちで、言葉遣いを丁寧にしたりするときに用いられるもの。

（大辞林第３版2006）

丁寧語　話や文章の相手に対して丁寧に述べるもの。

（文化審議会（2007）「敬語の指針」）

化語・その他

美化語　物事の表現を通じて話し手の品格を保持するはたらきをする言葉。丁寧語に含まれることもある。

（大辞林第３版2006）

美化語　ものごとを美化して述べるもの。

（文化審議会（2007）「敬語の指針」）

自己採点の方法

第3部には、現在変化進行中のものも含めて様々な問題が入っている。正解には世代差が大きいと思われる。

90%（29項目）以上とれた人はすばらしい。

80%（26項目）以上なら許せる。

70%（23項目）以下のときは、見出しだけでも復習しよう。

（第３部の○印の総数は32項目）

第7章 使い方注意の丁寧語

7a 丁寧語・美化語の要点

第７章では丁寧語について考える。「です、ます、ございます」などが例である。丁寧語はこれまで述べた謙譲語・尊敬語と性格が違う。話題に出た人物でなく、目の前の聞き手・話し相手のために使う敬語なのである。

「降ってますよ」「雪ですよ」と「降ってるよ」「雪だよ」をくらべると、違うのは聞き手の扱い方であって、客観的な天気自体には何の違いもない。

尊敬語と謙譲語は話題に出た高めるべき人物に使う表現で、聞き手と一致したときにも使うが、その場にいない第三者にも使う。(客が)「いらっしゃるそうです」、(係が)「お届けすると言っています」などの類である。

敬語論では、尊敬語と謙譲語を**素材敬語**（言及の敬語)、丁寧語は**対者敬語**（呼びかけの敬語）として、二分するほどで、大いに性格が違う（終章１参照)。

歴史的にも、尊敬語と謙譲語は古代から使われていた。丁寧語はほぼ中世ころから盛んに使われるようになったもので、新しい。

丁寧語は習得しやすいようで、こどもでもままごと遊びなどで「です、ます」は適切に使いこなせる。学校に入ると、教室での発言で使う。

現代社会では未知の人に話しかけるときには必須の表現なので、日本語教育でも最初に教える。短期滞在者のためのサバイバルの日本語でも、丁寧語は必須で、丁寧語のデス・マスは、ほぼすべての例文で使う。しかし尊敬語と謙譲語はあまり教えないことがある。「言う」以外に「おっしゃる」のような敬語特定形を暗記して、適切な機会に使い分けることを覚えるよりは、単語数全体を増やすほうが有効だからである。

第3部の後半では、話題をさらに広げて、丁寧語以外の敬語にまつわる表現も扱う。

7-1 「です」の多用

どれが正解？

1.「あります」
2.「ありますです」

丁寧語の代表「です」は名詞のあとに付き、「ます」は動詞のあとに付く。「雨です」「でかけます」の類である。このように役割分担していたが、ところがこの100年ほどを通じて、「です」が様々な場面で多く使われるようになってきた。その一つが「〜ますです」の進出である。

「言います」で十分な文脈に「です」を足して「言いますです」と言う。

Googleで実例を見ると、例えば「ありますです」の検索結果は約25万件、「ありませんです」の検索結果も約42万件で大変多い。なお、「ありませんでした」の検索結果は210万件を越えるが、これは正用とされるから、当然である。

どうも「です」の多用は、今までより一味でも丁寧にひびかせたいという欲求から生まれたのだろう。

禁じるわけにはいかないが、ことばだけ丁寧、慇懃無礼などと思われないためには、無理に使う必要はない。

他にも、あいづちのときに「なるほどですね」と言ったり、挨拶のときに「どうもです」「よろしくです」と言ったりする。さらに「それでですね」「えーとですね」のように、「です」は会話のあちこちにちりばめられる傾向がある。聞き手に「デスマス体で丁寧に話しているぞ」ということを、積極的に伝えるためだろう。一度こういう「です」の挿入を覚えてしまうと、挿入しない言い方が「ダ体」「デアル体」のようにひびいて、丁寧さが不十分だと思ってしまうのだろう。

丁寧な言い方が広がるのはあまり非難されない。

疑問文のデスカのカを省略した言い方が出てきた。店内を見ている客に若い女性店員が近づいて「スーツです？」と話しかける類だ。本来なら「スーツですか？」だ。

この「**カ抜きことば**」は、疑問文で助詞カが使われなくなり、文末の上昇イントネーションが代用になる現象である。「ます」でいち早く普及して、今「です」に普及しつつある。「お召しになります？」「行きます？」の「ます」と同じような上昇イントネーションを「です」の最後の音節スのところに付ける。この「ですか」のカ抜きも、丁寧語デスの進出を示す変化と見られる。

解答

○「あります」
△「ありますです」

7-2 形容詞＋です

どれが正解？

1.「美しいです」
2.「美しゅうございます」

国語審議会（1952）の「これからの敬語」では、「大きいです」「小さいです」などの「形容詞＋です」が「平明・簡素な形として認め」られた。

しかし「美しい」は文章語的なことばなので、「美しいです」に抵抗を覚える人が今でもいる。

現代語の丁寧語として有力な「です」だが、**語源**は「にて候」→「でそうろう」・・・→「です」と考えられる。室町時代の狂言で、大名がいばった感じで使う例が記録されているが、江戸末期に「でげす」「でえす」と並んで「です」がよく使われるようになった。

最初は「山です」のように名詞に付いた。形容詞が述語になる文には、「面白うございます」のように「ございます」だけが付いた。

しかし、戦前から「形容詞＋です」が広がりはじめた。ことに口語的な助詞の「ね」とか「よ」を付けた「いいですよ、いいですね」という例文だと、自然な表現だと感じられる。

かつての敬語指導書には、類例として「いいです、いいですか、いいですね、いいですよ、いいんですね、ないです、危ないですから、よかったですね」があげつらわれている。「よい」でなく「いい」に付き、「ね、よ、か」などの助詞が付いているのは、話しことばでよく使われたことを示している。今は当たり前の言い方になった。

一方文章を書くときに、「恐ろしいです」「おぼつかないです」のように、口語であまり使われない形容詞に直接「です」を付けると、不自然に感じる人が多い。年齢差もあり、地域差もあるが、いずれにしても、形容詞に「です」が付きはじめたのが最近であることを示す。

デスマス体の中で、ある文だけがダ体で終わることがある。「形容詞＋です」が新しい表現で、使いにくいからだろう。代わりに「形容詞＋ございます」という言い方もあるが、今度はそこだけが「ゴザイマス体」になって、馬鹿丁寧にひびく。

文化庁調査（2001）では「きょうは寒うございます」について尋ねている。「気になる」は3割である。その理由は「丁寧すぎるから」が多い。時代が変わったと見るべきだろう。

解答

△「美しいです」
○「美しゅうございます」

7-3 「～て／でございます」の拡大

どれが正解?

1.「用意してあります」
2.「用意してございます」

丁寧語の一つ、「ございます」の使い方の広がりについて考えよう。「デゴザイマス体」は「特別丁寧体」と言われるが、ある人は「御丁寧体」と呼んでいる。実に分かりやすい学術用語である。

「ございます」の**語源**は「御座＋あり＋ます」で、「御座」とは本来は天皇のいる場所で「玉座」のこと。室町時代に「御座ある」が「ある」「いる」の尊敬語として使われたが、のちに名詞などのあとに付いて「～にてござある」「～でござる」の形も使われた。最初は最高に丁寧な言い方として使われはじめ、のちに庶民にまで用法が拡大された。

「お地蔵さんが見て**ござる**」というのは、神仏に対しての古風な尊敬語の用法が残ったもの（4e参照）。

現代語では**名詞**＋「でございます」はデパートのエレベーターの「上でございます」をはじめ、よく聞く。

形容動詞でも「～でございます」が使われる。「（父は）元気でございます」などは丁寧語。「（会長は）お元気でございますか」は、今や失礼にひびく。尊敬語を使うべきで、「(会長は) お元気でいらっしゃいますか」という言い方ならいい。

形容詞では関西風に末尾の音の「ク」が「ウ」に代わって、「おめでとうございます」「お暑うございます」のように言う (8e参照)。ただし最近は音便を起こさない言い方もある。1998年の山一証券倒産では「社員は悪くございません」という挨拶が聞かれた。

最近**動詞**に付けた「**〜てございます**」という言い方が出てきた (4e参照)。「プレゼントを用意してございます」というのは、「〜を用意しております」「〜が用意してあります」が正しい。「書いてございます」「読んでございます」は、会議などで研究者や事務の人が使う。丁寧に表現できるところを手当たり次第に変えようというのだろう。

文化庁 (2000) では「規則でそうなってございます」が気になるか尋ねている。「気になる」が実に7割。

ともあれ、デスマス体が整備されたのに伴い、デゴザイマス体も整備される傾向がある。「〜てございます」「〜でございます」は**尊敬語から丁寧語に変わる途中段階**を示している (4-7、終章3、終章4参照)。

解答

○「用意してあります」
△「用意してございます」

第8章 「お・ご」の使い方と美化語

8a 「お」の語源と歴史

第１章から第７章までは、主に動詞の敬語の使い方について書いた。形容詞などの敬語については簡単にふれた。第８章では、**名詞の敬語**について考えよう。「お・ご」を付けるのが、主な手段である。

「お」のそもそもの**語源**は、「大《おほ》＋御《み》」である。近代にも天皇の「おおみこころ」のように使っていた。これが1000年ほどかけて、以下のように短くなった。よく使われる言い方は短くなって、発音がほんのわずか経済的になるのだ（9-4参照）。

オホミ　→　オホン　→　オン　→　オ

用法も広がり、最初は神や天皇に関して**尊敬語**として使われたが、その後身分の高い人に広げられ、さらに庶民に関しても使われるようになった。

さらに自分（ウチ）に関しても使われた。ただし相手に関係するものに限られた。自分の書くものでも「お知らせ」「お手紙」「御通知」と言う。語源から言うとおかしいが、**謙譲語**としての「お知らせする」「お手紙差し上げる」「御通知申し上げる（する）」から出たものと考えれば、納得がいく。

中世に御所に仕える女官の「女房詞《にようぼうことば》」が発達して、丁寧に表すために様々なことばに「お」が付けられるようになった。「おぐし、おかもじ、おはもじ、おかべ、お冷や」（髪、付け髪、恥ずかしい、豆腐、飲み水）。さらに「お魚」「おねぎ」の類もできた。自分のことばをきれいに見せようという心理が基本にある。これが最近増えて、「お」を付けすぎるというので非難されることがある。

漬物の一種に「やたら漬け」というのがある。最近たくさんのことばに「お」をやたらに付ける傾向があるので、「**おやたらづけ**」と呼ぶことも可能だ。

「尊敬語・謙譲語・丁寧語」のいずれの用法とも違うので、「**美化語**」と呼ばれることもある（終章4参照）。

人によって「お」の使い方には違いがある。「日本語ではこの単語にいつも『お』を付ける」または「付けない」と単純に言えない。まず男女の違いがある。「お薬」「お弁当」などは女性が多く付けるが、男は付けない傾向がある。また地方差があって、東京付近や関西の人は、「お」をよく付ける傾向がある。さらに学歴や職業による違いもある（8b図2参照）。

8b「お和語・ご漢語・ゼロ外来語」

どの単語に「お・ご」が付くかについては、様々な指摘があるが、例外が多くて、うまくいかない。ただ一つよくあてはまるのは、単語の出自で説明するものである。

「お」は和語に付き、「ご」が漢語に付き、外来語には何も付かないのが基本なので、**「お和語・ご漢語・ゼロ外来語**」と暗記するといい。ただし現在は「お」が和語以外に漢語にも外来語にも付くようになった。

文化庁（2006）『国語に関する世論調査』で、多くの単語について「お」が付くかどうかの調査があった。ただし「お茶」「おかゆ」のようにほぼ全員が「お」を付ける単語や、逆に「酸素」のように「お」を付けるとは思えない単語は、調べられていない。**図2**参照。

このグラフを見ると、どの単語に「お」が付いて、どれに付かないかを、二つに分けて述べることは難しい。ただ図２下端の５語（紅茶、ソース、かばん、ビール、くつした）は、上の10語と、使われ方が明らかに違う。

実は男女差が激しく、女性はたくさん「お」を付ける。

調査語のうち、「酒・米・皿・酢・薬・手紙・靴下」は和語に「お」の付く例、「菓子・弁当・茶わん・天気・紅茶」は漢語だが「お」が付きうる例、「ソース・ビール」は外来語に「お」が付きはじめた例である。なお「かばん」は近世中国語から入ったことばである。

図2「お」を付けるか（資料：文化庁）

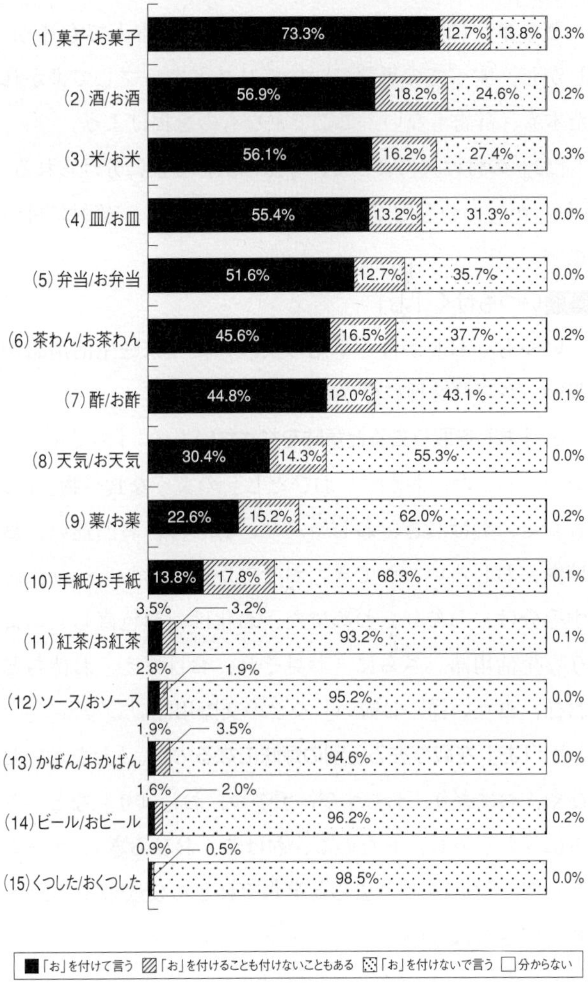
(1) 菓子/お菓子
73.3%
12.7%
13.8%
0.3%
(2) 酒/お酒
56.9%
18.2%
24.6%
0.2%
(3) 米/お米
56.1%
16.2%
27.4%
0.3%
(4) 皿/お皿
55.4%
13.2%
31.3%
0.0%
(5) 弁当/お弁当
51.6%
12.7%
35.7%
0.0%
(6) 茶わん/お茶わん
45.6%
16.5%
37.7%
0.2%
(7) 酢/お酢
44.8%
12.0%
43.1%
0.1%
(8) 天気/お天気
30.4%
14.3%
55.3%
0.0%
(9) 薬/お薬
22.6%
15.2%
62.0%
0.2%
(10) 手紙/お手紙
13.8%
17.8%
68.3%
0.1%
(11) 紅茶/お紅茶
3.5%
3.2%
93.2%
0.1%
(12) ソース/おソース
2.8%
1.9%
95.2%
0.0%
(13) かばん/おかばん
1.9%
3.5%
94.6%
0.0%
(14) ビール/おビール
1.6%
2.0%
96.2%
0.2%
(15) くつした/おくつした
0.9%
0.5%
98.5%
0.0%
「お」を付けて言う
「お」を付けることも付けないこともある
「お」を付けないで言う
分からない

8c「お」の付け方の3種類

どの単語に「お」を付けてよいか、日本人でも迷う。しかし、すべての単語についてリストアップして書かれた本も、辞書もない。ここで主なものを掲げよう。

「お」の付け方によって、単語は次の3種に分けられる。「お」が①いつも付く、②付くこともある、③絶対に付かない。

1 いつも付く「お」

いつも「お」が付く単語は女性の使う家庭生活用語が多い。さらに2種に分かれる。

a.「お」を取り去ると意味をなさないもの。「おでん、おやつ、おこわ、おかず、おひたし」のような食べ物。「おもちゃ、おはじき、おしゃぶり、おしめ、お門違い、お辞儀、おしろい、おでき、おせっかい、おしゃべり、おすそ分け、お参り、おめでた、お化け、お色直し」のような生活用語。さらに「お見それ、お目見え、お待ちどお様、お互い様、お構い」などの交際用語。

b.「お」を取り去ると別の意味になるのは、「おなか、おひや、おにぎり、おむすび、おひつ、おしぼり」など。さらに「おしゃれ、おたいこ、おはこ、おひらき」。ゲームとして、「お」を取り去るとそれぞれどんな意味になるか、考えてみてほしい。

2 付くこともある「お」

問題になるのは「お」の付けはずしのできる単語である。「お帽子、お手紙」のような類では、場面の改まりの度合や相手との関係を考えて、「お」を付けたりはずしたりする。8b図2で《「お」を付けることも付けないこともある》という答えの多い、上の10語にあたる。

古代風のタブー的敬語の「お」は、恐れ多いもの、あがめるべきものに付く。神仏関係の「**尊敬語**」として「お葬式、お通夜、お墓、お寺、お賽銭、お灯明《とうみよう》、お札《ふだ》、おとそ、お正月」がある。

相手に関するものに付ける「お・ご」に反映しているのは、聞き手への「**尊敬語**」としての用法である。相手の体や持ち物などの「お顔、お体、お手元、お名前、お車、お住まい」。相手の動作、家族などの「おいで、お帰り、お買い上げ、ご意見、お手柄、ご乗車、ご搭乗、ご利用、ご予約、ご指定、ご住所、ご親族、お子さま」。相手に関わる事態、状況の「お徳用、お利息、ご預金」など。

近世風の女性語、**美化語**としての「お」は数が多い。食品関係の「お米、お菓子、お茶、お茶うけ、おつゆ、お汁粉、おだんご、お惣菜、お醤油（正油）、お昼、お料理」、道具の「お鍋、お皿、お箸、お茶碗、お椀、お膳、お釜」などである。金銭の「おかね、おつり、お札《さつ》」にも付く。家事の「お針、お洗濯、お仕着せ、おみやげ」にも付いている。

3 「お」の絶対に付かないことば

とはいえ、日本語の単語の大部分には「お」が付かない。図2で《「お」を付けないで言う》が圧倒的に多い下の5語が、本来これにあたる。これに「お」を付けると笑い話になることもある。「お奈良漬」「お八百屋」「お夜分」の類。

「道、駅、銀行、病院、地球儀、扇風機」など、「お」の付かない語は多すぎてリストアップできない。

本来「お」の付かない語に付けて、敬語誤用の本にあげつらわれた例は、あげきれないほどである。

「お髪、お花、お絵かき、おキュウリ、お机、お味付け、お歩き、お犬、おイクラ、おいも、おイワシ、おうなぎどんぶり、おがまぐち、お雷、お雲、お粉、お梅、お桜、お鮭、お尻餅、お外、お空、おソロバン、おたまねぎ、おちりん、お並び、おネコ、お海苔巻き、お離れ座敷、お腹《はら》、おバラ、お春、お道、お目、お眼鏡、おもんぺ、おクツ、お靴下、お奥様」

昔の厳しい敬語指導書で非難されても、今は許せるようになったものもある。「お小遣い、お札《さつ》、お塩、おねぎ、おナス、お冷や、（お歳暮の）おしるし、お背中、お店、お問い合わせ先」など。個人差がありそうだ。

8-1 お和語①「召し上がり方」

どれが正解？

1.「召し上がり方」
2.「お召し上がり方」

お菓子の箱などに近頃「お召し上がり方」などと書いてあることがある。以前は「召し上がり方」だった。「食べ方」について、「召し上がる」と言い表しただけで十分に丁寧なのに「お」を付けるのは行きすぎだと思うが、世の中、とにかく上品に、丁寧に表しておけば安全だと思う人が多いらしい。「お考え方」なる表現に接したがインターネットでも数万の使用例が出る。色々な「～方」に「お」が広がっている。

「お」の付け方にはこのように場面差や地域差や個人差があり、性差もある。しかも時代を経るごとに、多くの人に広がる傾向がある。まただんだん多くの語に付く傾向が見られる。

解答

○「召し上がり方」
△「お召し上がり方」

8-2 お和語②「足」

どれが正解？

1.「お足」
2.「おみ足」

人の「足」を丁寧に言おうとして「お」を付けた例。何にでも規則的に「お」を付ければいいというわけではない。特別な言い方が用意されているときにそれを使わないと、「付け焼刃の敬語」「教養のない人のことば」と見下されることがある。敬語のいやらしいところだ。

しかし昔から色々なことばに「お」を付ける傾向があり、「お足」は実際にはかなり使われている。Googleでは数万件レベルの多さで、「お客様のお足の状態をより正確に把握する」などが、きちんとした企業のホームページで使われている。

ただし「おみ足」の検索結果は約10万件だから、本来の言い方のほうが勢力が強い。

「何と美しいおみ足でしょう」などの用例である。

昔、客室乗務員（スチュワーデス）が

「おみ足がクソーございます」

と言って、客の足を毛布でくるんだという伝説がある。ことばの丁寧さと匂い対策が意表をつくもので、敬語のプロとされていた当時の客室乗務員の面目躍如といえる。

銭のことを昔は「おあし」と言った。足があるように早く手元から消えるからだそうだ。その「おあし（銭）」ということばが縁遠くなったから、人間の「足」を「お足」という、単純な言い方が出たのだろう。

「大きい」についても昔は「おみ」を付けて「おみおおきい」と言ったのを、覚えておこう。使っても通じないかもしれないが。

「お」の付けすぎは、かつて「幼稚園ことば」、古くは「乳母ことば」とも言われた。もともと「お」をあまり使わない人たちが、「お」を使う上流の家庭で奉公して、「お」を多く使いはじめたのが、起源だろう。「お絵かき」「お片づけ」の類である。

今でも、本来敬語を使わない人が必要に迫られて「お」を使いはじめ、単純化して、色々な単語に拡大使用することが多い。「成り上がり」と見られることもあるので、要注意。

解答

△「お足」
○「おみ足」

8-3 ご漢語「入学」

どれが正解？

1.「ご入学」
2.「お入学」
3.「入学」

「うちの子、来月お入学なのよ」は二重におかしい。近所の子の「入学」について使うのは許せるが、自分の子の「入学」に、「お」を使うのはおかしい。付けはずしのできる「お」は、本来尊敬の意味で使われるものだから。

また漢語には「ご」が付くのが原則だから、「ご入学」と言うべきだ。

念のためにGoogleで調べてみると「お入学」は4万を越える用例があり、しかも公的なサイトでも使われている。「お入学」はNHKのドラマ（橋田壽賀子）や書名に効果的に使われたが、確かに使う人がいるのだ。

ただし、「ご入学」の用例はその10倍近く、約50万件あるので、安心した。漢字で「御入学」と書くのも数万あるが、「ご」と読ませるのだろう。

漢語には「ご」が付く。「ご出発、ご結婚、ご送金、ご著書」などである。ところが漢語にも「ご」でなく「お」が付く例が増えた。「おしょうゆ、おうどん」などは、もとは漢語だという意識が薄れたのだろう。しかし「お利息、お布団、お座布団、お掃除、お洗濯、お写真、お天気、お達者」の類は、ちょっと考えれば漢語だと分かるだろう。道具、人の持ち物関係に多そうだ。

漢語については、「御」という漢字で書くと、読み方は少なくとも2種類ある。漢字で書くと「ご」と読むことが多く、「お」とは読まなくなっている。元は語源に忠実に「御」と書いたが、今は「ご」とかなで書くことが多い。そもそも敬意のこもった言い方だという意識が薄れて、単なる形、形式だけだという意識が、強くなったのだろう。

文化審議会（2007）の答申「敬語の指針」では、「お」に尊敬語・謙譲語・美化語の三つの用法を認めた。「お・ご」の乱用と言われることばの一部にお墨付きを与えたことになる（8-8参照）。

解答

○「ご入学」
△「お入学」
○「入学」

8d 漢語に付く「お・ご」

今でもゆれていて、「ご／お」の両方が付きうる漢語もある。「ご返事／お返事」「ご勉強／お勉強」「ご年始／お年始」などである。男性が堅苦しい感じで使うと「ご」になり、女性が日常語で言うと「お」になる例もある。以前は「ご」が付いていた漢語に最近「お」が付きはじめた例もある。「ご入学／お入学」「ご受験／お受験」の類だ。使う場面や意味・ニュアンスに違いがあるようだ。

なお「ぎょ」の付く漢語もある。中国語で使われた「御」の字が、漢音のゴ以外に、呉音のギョとして日本語の中で盛んに使われ、様々な漢語が出た。「御意《ぎよい》」「御製《ぎよせい》」「御物《ぎよぶつ》」などだが、皇室関係用語に多く、今はあまり使われなくなった。付けはずしのできないものが多い。

同じ「御」の漢字が少なくとも3種類（「おん」「み」を入れると5種類）に読めるのだから、日本語は難しい。

以下の誤用例は、漢語なのに「ご」でなく「お」を付けたもの。人によって使い方は違うだろうが、ほぼ確立したものも多い。「おにんじん、お大根、お野菜、お電話」。

以下のリストの中には信じられないものもあるが、敬語誤用の本にあげられた例だから、実際に使った人がいたのだろう。単語をリストアップすると、若い母親が、せめてことばだけでもきれいにしたいと、懸命に使う場面が目に浮かぶ。今はインターネットでも用例数が確認できる。中には、「お」の代わりに「ご」だったら付けてもいいのがあるので、【ご】で示そう。どれにもともと【ご】が付いていたかも、このリストでは説明しにくい。中には、21世紀現在、許容してもよさそうな例もある（「お肉」「おきれい」など）。

お【ご】受験、お【ご】授業、お【ご】希望、お【ご】意見、お【ご】住所、お【ご】幸福、お学校、お塾、お試験、お下劣、お道路、おイス、お駅、お鉛筆、お会議室、お会場、お公民館、お警察、お社長、おきしめん、お紅茶、おリンゴ、お大福、お肉、おごぼう、おホウレンソウ、おブドウ、お死者、お注射、お十二指腸かいよう、お手帳、お天気予報、お電車、お時計、おバカ、お白菜、お便秘、おきれい

漢語だから「ご」を付けるのはいいが、付けすぎの例もある。「ご応接間、ご洪水、ご参会、ご死去、ご時間、ご万年筆」。

また漢語の「ご」の尊敬の意味が薄れて、「お」を付けたものもある。「おごちそう」「お御馳走様」。

「お・ご」の付け方など、常識として、分かっていると思われるが、いざ整理して伝えようとすると、意外に厄介なのだ。

8-4 ゼロ外来語「ビール」

どれが正解?

1.「おビール」
2.「ビール」

そもそも外来語には「お」が付かないのが、原則である。カタカナことばが日本語に入ってきたのは、安土桃山時代の西洋人の渡来以後のことで、和風の「お」も中国風の「ご」も似つかわしくないと思われたのだ。ただし、今許せるものとして「おタバコ」がある。ただ漢字やひらがなで「煙草」「たばこ」と書かれることからも分かるように、外来語・カタカナ語の意識が薄れて、「おたばこ」になったのだろう。

カタカナ語への「お」は、さらに増えつつある。

「おビール」の例は、戦後水商売の女性から広がったらしいとされ、そのころの敬語論の本で取り上げられた。しかし、もっと古い例が、戦前にすでに記録されている。その世界に詳しい人が書いたのだろう。今は（呑み屋のバイト経験のある）女子学生も使う。

文化庁（2006）の調査（8b図2参照）では、使う人が少なく、わずか数%で、誤用段階である。ただし集計表をくわしく見ると、性別・職業別に差があり、サービス業の若い女性に多く、よく納得のいく結果である。Googleでの「おビール」の検索結果は約3万件で、多いが、規則破りだから論理的には誤用。

外来語に「お」を付けて、敬語誤用の本にあげられた例は、以下のよう。実際に使った人がいたのだろう。そのうち相手の持ち物なら「おズボン」は許せる。しかし「おチョッキ」はおかしい。恐らくはよく使われるかが決め手だろうが、法則性を論じることはかなり難しい。

おビール、おコーヒー、おジュース、おソース、おキャベツ、おてんぷら、おジャガ、おトースト、おトマト、おピーマン、おラーメン、おレタス、おレモン、おメニュー、おトイレ、おセット、おカット、おパーマ、おバスケ、おヒップ、おピアノ、おクリーム、おコップ、おコート、おネグリ、おシャツ、おノート、おカード、おカタログ、おレジャー、おロビー

珍しく「ご」を付けた誤用例も報告されている。「ごパソコン」。なお「ごミサ」は小集団の用語。

解答

×「おビール」
○「ビール」

8-5 「お」＋形容詞①「求めやすい」

どれが正解？

1. 「求めやすい」
2. 「お求めやすい」
3. 「お求めになりやすい」

「お求めやすい」という表現は少し前までは、間違った使い方とされ、敬語の本などであげつらわれた。しかし今はさらによく使われるようになったようである。「求め＋やすい」は一個のつながった言い方（形容詞）ではなく、動詞「求める」に「やすい」が付いたもので、「分かり＋やすい、書き＋やすい、走り＋やすい、受け＋やすい」など様々な言い方をかなり自由に作れる。しかし「お」を付けられるのは、これらのうち今のところ「お求めやすい」だけのはずである。試していただきたい。

類例として「おこしやすい」「おとりやすい」「お考えやすい」「お支払いやすい」「お食べやすい」「お持ち運びやすい」も報告されているが、それほど多く耳にするわけではない。

つまり「求めやすい」を一個の形容詞のように扱って「お」を付けたわけだ。

もともとデパートなどで「安い」ということをあから

さまに言うことを避けて作った言い方だから「お安い」が言えるとしたら「お求めやすい」も言える、というわけで出た言い方だろう。識者の抵抗を受けながらも、着実に進出しているようである。

インターネットで用例を探すと多く見つかる。「お求めやすい」の検索結果は約70万件である。しかも大企業の広告などでも使われている。

「大変お求めやすい価格の商品をたくさん提供させて頂きます」などである。

敬語指導書では、もともとの「求め＋やすい」の敬語形「お求めになり＋やすい」を推奨しているが、インターネットでの検索結果は約400件しかなく、ほとんど使われていない。正しい言い方ではあるが、人目をひくための広告表現に使うには、長すぎるのだろう。

文化審議会（2007）「敬語の指針」では、「お読みやすい」について、動詞の部分を敬語にして「お読みになりやすい」を提案している。

文化庁（1999）では「お歩きやすい靴を御用意ください」について尋ねている。「気になる」は8割に及ぶ。

解答

○「求めやすい」
△「お求めやすい」
○「お求めになりやすい」

8-6 「お」＋形容詞②「分かりにくい」

どれが正解？

1.「お分かりにくい」
2.「お分かりになりにくい」
3.「分かりにくい」

「お分かりにくい」も8-5「お求めやすい」と似たメカニズムで出てきた。1954年の報告例があるほど古い。「分かり＋にくい」は二つに分かれる表現なので「お」は付けにくい。本来は「お分かりになりにくい」である。相手を思いやった言い表しかたがとくに必要なので、登場したのだろう。ただし、すでに「お＋心＋やすい」「お＋見＋苦しい」「お＋聞き＋苦しい」という言い方を許しているのだから、このタイプの「お」を全面禁止にするわけにはいかない。

インターネットでは「お分かりにくい」の検索結果は数百件レベルで、実際にはあまり使われないようだ。

文化審議会（2007）「敬語の指針」では、代わりに「お分かりになりにくい」を提案している。ただしインターネットでは、「お分かりになりにくい」の検索結果は1000件以下で、「お分かりにくい」よりは多いが、それほど使われていない。「分かりにくい」で十分なのだ。

誤用から正用への動きは、連続的で区切るのが難しい。

ほんの一部の人が使う段階は、言い誤りや覚え違いの「**間違い**」と決め付けられていただろう。しかしそれが覚えやすいとか、インパクトがあるとかの理由で広がり、４分の１くらいの人が使うと、気づく人が多くなって、「**誤用**」だと騒がれる。しかしいくら騒がれても、広がるものは広がり、半分くらいの人が使うと、「**ゆれ**」として扱われることになる。さらに使う人が増えて、４分の３くらいになると、この優勢な言い方を「**慣用**」として認めよう、という動きになる。さらに増えて大部分の人が使うと、「**正用**」の仲間入りすることになる。従来の言い方を守るごく少数の人は、「物知り」として尊敬されることもあれば、「古めかしい、変なことばを使うおじさん（またはおばさん)」と、遠ざけられることもある。

ことばが変化するときには、**連続体**をなす。いつも少しずつ動いていて、切れ目を付けるのは困難なのである。変化のある段階で区切っても、すぐにくずれる運命にある(終章５参照)。

解答

×「お分かりにくい」
○「お分かりになりにくい」
○「分かりにくい」

8e 形容詞に付く「お・ご」

「お」のあとに形容詞が付く例は、8-5の「お求めやすい」に関係する。

「お」のあとに動詞が付く例は、本書前半で「お～する」(謙譲語)、「お～になる」(尊敬語) など、たくさんの例をあげた。また「お」のあとに名詞が付く例は、この章で論じた。

「お」のあとに形容詞が付く例を以下で略述しよう。これで「お」の付け方の大部分にふれることになる。

「お」はすべての形容詞に付くわけではない。使用場面も限られる。完璧なリストや実態調査の結果は知らないので、新たに作ってみたが、見落としているかもしれない。

用法から考えると、学校で文法の時間に習った「尊敬語・謙譲語・丁寧語」への分類もできる。

「お美しい、お強い、お弱い、お若い、お堅い、おいたわしい、お忙しい、お黒い」は話題の人や相手について言うから**尊敬語**だ。

「お恥ずかしい」は自分について言うから**謙譲語**だ。「お懐かしい」「おやかましゅうございまして」も謙譲語と考えていい。

「お暑い」は天気など第三者的な状況について言うから**丁寧語**としての用法である。「お安くなっております」は商業場面で聞くし、「お寒い現状」も新聞記事などで目にすることが多い。丁寧語では「お暑う（寒う）ございます」など挨拶の系列がたくさんあげられる。しかし気候、寒暖の形容詞でも「お暖こう～」とは言わないし「お涼しゅう～」も聞いた覚えがない（7-2、7-3参照）。

すべての形容詞に「お」が付くわけではない。もっとも、どの形容詞に「お」が付くかを、意味の面から規定するのは、難しい。名詞の場合は、女性の使う、食べ物や育児に関することばに、「お」が付くことが多いという傾向があったが、形容詞では対応する現象が目立たない。

形容詞では人間の様子や感情に関わるもの、時候の挨拶に使われるものには「お」が付きやすい。しかし例外も多い。例えば「お早い、お辛い」があっても「お遅い、お甘い」は聞いたことがない。一方「お高くとまる」「お寂しいことでしょう」のような決まりきった言い方もある。

大部分の形容詞には「お」が付かない。ことに物事の様子や客観的自然を表すものには「お」が付かない。例えば以下のことばには「お」は付きにくい。「明るい、太い、細かい、柔らかい、すばらしい、青い、くさい、水くさい、湿っぽい」などである。

「お」＋形容詞は、ほんの一部のことばだけに許されると考えてよい。

8-7　尊敬語の「お」

どれが正解？

1.「お着物」
2.「お召し物」
3.「着物」

これまで、どんなことば（名詞と形容詞）に「お」が付くかについて考えた。以下、使い方の点から考えてみよう。

「お」の本来的な使い方は**尊敬語**である。目上の人や話し相手に関連することばに、「お」を付けるのが典型である。

代表として身に着けるもの、「着物」を考えよう。自動的に「お」を付ければ「お着物」ができあがる。インターネットで検索すると60万件近くという膨大な用例が見つかる（「御着物」という表記も含めて）。しかし昔から「お召し物」という、専用の尊敬語特定形があった。その検索結果は、約10万件である（他に「御召物・御召し物・お召物・お召し物・おめし物・おめしもの」など様々な書き方があるが、そう多くない）。

専用の特定形があるときはそれを使うといいという原則から言うと、「お召し物」が正しい敬語である。「お着物」は他のことばからの類推で作られた間に合わせの敬語である。しかし「お召し物」よりも多く使われているのだから、とやかくは言えず、「お着物」は間違いと言い切ることはできない。が、「お召し物」ということばを使いこなせるほうが、ことばづかいをずっと高く評価してもらえる。

さらに使い方にも気をつけよう。相手や目上の人の着物を「お召し物」または「お着物」と言うのは、尊敬語の本来の使い方に合うからいい。でも自分や自分側の人（家族や会社の人）が着る場合に、「お召し物」または「お着物」と言うのは、おかしい。謙譲語にあたることばを使いたいが、日本語には備わっていないようだ。単に「着物」と言うことになる。

近頃は単にことばづかいをきれいにするための「お」が広がっており、「成人式にはお着物にしようか」などと言うことがある。美化語としての用法だが、こんなときに「お」は必要ない。これも「着物」と言うので十分である。

解答

△「お着物」
○「お召し物」
○「着物」

8-8 謙譲語の「お」

どれが正解?

1.「長ったらしい　ご説明で」
2.「長ったらしい　説明で」

「お」は**謙譲語**としても使われる。代表は、自分のことに関して「お・ご」を付ける現象である。会議で提案者が自分の説明を謙遜して「長ったらしいご説明で申し訳ありませんでした」ということがある。

「お」は**語源**の「おほみ（大御）」から言っても、本来尊敬語としてできたもので、恐れ多いもの、敬うべきものについて、使われた。それを自分の行為について使うのは変な感じがする。高名な日本語学者が講演で「分かりにくいご説明・・・」と言って、すぐあとに「分かりにくく説明申し上げて」と言い直したことがあった。やはり自分の行為に「お」を付けるのはおかしいという意識があるようだ。

文化審議会（2007）の答申「敬語の指針」について新聞やテレビで取り上げたのはほぼ「5分類」にまつわる問題で（終章1、終章3参照）、「お」の3分類については話題にならなかった。実は この答申でははっきりと「お・ご」の3分類を提示している。ところが、同じ単語

（「お手紙、御説明」）が、二箇所にあげられている（1-6参照）。

「お・ご」の付く語の大部分は**尊敬語**で、語例として「お名前、ご住所、（立てるべき人物からの）お手紙、お導き、ご出席、（立てるべき人物からの）御説明」があげられている。

そのほかに**謙譲語Ⅰ**として「（立てるべき人物への）お手紙、御説明」が語例としてあげられている。以前には「お電話」などがあげられていた。

さらに**美化語**として「お酒、お料理」があがっている。

謙譲語Ⅰの「（立てるべき人物への）お手紙、御説明」は、従来誤用とすることもあったが、国家が正用と認めたことになる。

しかし講師が自分で「長ったらしいご講演で」とはいいにくいし、客が訪問先に「突然のご訪問をお許しください」というのも正用とは認めがたい。

謙譲語の用法が市井《しせい》で広がりつつあるが、一部を正用と認めると、たちまち境界例が出て、困るのだ。

解答

△「長ったらしい　ご説明で」
○「長ったらしい　説明で」

8-9 美化語の「お」

どれが正解？

1.「あしたは　仕事　休みです」
2.「あしたは　お仕事　お休みです」

「お」は、本来尊敬語としてできたものだが、最近は謙譲語や丁寧語（美化語）としても使われる。**美化語**の「お」の代表は、自分のことに関して、しかも相手との関係もまったくないことについて「お」を付ける現象である。

「あした　お仕事　お休みなのよ」が典型である。場面によってはデートへの誘いととれるかもしれないが、それは敬語論と関係ないので、省く。実際によく使われていて、Googleで「お仕事」「お休み」の両方を入れた検索結果では約200万件に及ぶ。「今日は**お仕事がお休み**だったので」のような使い方が多い。もう誤用とはいいにくい。

敬語指導書でもよくあげつらわれるが、若い女性が言うなら許すという意見も多い。しかし自分の仕事、自分の休みに「お」を付けるのはおかしいという正論には太刀打ちできない。少なくとも男は使うべきでない。

同様に休暇をとるときに「お休みさせてください」というのも間違いで、敬語としては不適切である。もっとも「お休みする」という謙譲表現と見れば、形の上のつじつまは合う。ただ「休ませてください」という言い方がちゃんとあるのだから、それを使うほうがいい。

敬語誤用の本で、似た言い方で誤用と扱われているものに、以下がある。「お休みします、お休みさせていただきます、お休みしております、お休みをとっています」

文化審議会（2007）の答申「敬語の指針」で、**美化語**としてあげられている「お酒、お料理」は、「ものごとを、美化して述べている」と、説明されている。「広い意味では敬語の一種と見ることができる」と、歯切れが悪い。典型的な敬語から用法が離れすぎているのだ。

「お」はもう一つの問題もはらむ。同じ単語が別の分類に入るのだ。「お手紙ありがとうございました」は尊敬語、「突然のお手紙で失礼します」は謙譲語、幼稚園で「風船にお手紙を付けましょうね」というのは美化語と、分類される。同様に、「お話」は、「校長先生のお話」は尊敬語、「つたないお話で」では謙譲語Ⅰ、「お話の時間」では丁寧語（美化語）と、分類される（1-6、終章3、終章4参照）。

解答

○「あしたは　仕事　休みです」
△「あしたは　お仕事　お休みです」

第9章 最近見られる要注意の表現

9a マニュアル敬語の位置づけ

「マニュアル敬語」は、最低限のサバイバルの敬語である。敬語知らずの若者にも、外国人のアルバイターにも使えることばである。マニュアル敬語は、訓練の投資・費用のわりに売り上げや企業イメージの効果の大きい、コスト・パフォーマンスの高いことばづかいなのだ。コンビニ店でよく使われ、語源どおりコンビニエント（便利）な敬語なので「コンビニ敬語」とも呼ばれる。同列に置かれるのが、ファミリーレストランやファストフード店で、これらの敬語はまとめて「ファミコン敬語」とも言われる。

マニュアル敬語の実例は、学校の文法で習うような「敬語」では説明できない。丸覚えしないといけないような長い表現を、尊敬語・謙譲語・丁寧語に分けても、説明に役立たない。それでも「マニュアル敬語」と呼んで、矛盾するわけではない。どうも「敬語」のとらえ方が近頃変わってきたと考えられる。敬意とか丁寧さを表す方法が、違ってきたのだ（終章4参照）。

9-1 マニュアル敬語①「お預かりします」

どれが正解?

1.「(5000円)　お預かりします」
2.「(5000円)　いただきます」

「(5000円)　お預かりします」の「**お預かりします**」という動詞部分はおかしいと言われる。もともとをたどると、銀行・デパートなどで、お金を受け取るときに確認のために「○円（から）お預かりします」と言っていたことと関係するようである。改まった感じで、小売店などで使う「いただきます」「頂戴します」などより上品な感じを与える。

今や「(5000円)　お預かりします」の「預かる」は、「代金をもらう、いただく、頂戴する」の言いかえと考えるべきである。似た現象で「買う」は「求める」と言いかえられる。そもそもお金はタブーで、それに関わることばも避けられる。アルバイターたちが、よく分からずに「預かる」を使ったところに原因がありそうだ。

解答

△「(5000円)　お預かりします」
○「(5000円)　いただきます」

9-2 マニュアル敬語②「5000円から」

どれが正解？

1.「5000円を　（お預かりします）」
2.「5000円　（お預かりします）」
3.「5000円から　（お預かりします）」

お札の１万円、５千円、千円はまぎらわしいので、スーパーなどでは一時レジにマグネットなどで止めて、おつりを出す。この動作が「5000円から　お預かりします」のような表現に結びつくのだろう。

「いただきます」「お預かりします」の違いはさておいて、その前の部分を見よう。

「**5000円から**　（いただきます、お預かりします）」などは、おかしいと言われる。この場合の「から」が「誤用」なのか、どうして出てきたかについては、大勢の人が論じている。

文化庁（1997）の報告書に「（千円未満の買い物をしたとき、店の会計で、店員が）**千円から**お預かりします」という言い方について、載っている。「気にならない」は６割で、東北・九州に多く、また20代・学生に多い。一方「気になる」人は40代、商工サービス業に多い。文化庁（2003）では、「気になる」が５割近くに増えている。

また「(千円ちょうどの買い物をしたとき、店の会計で、店員が) **ちょうどから**お預かりします」については、「気にならない」は4割弱。やはり東北・九州に多く、20代・学生に多いという、似た結果だった。

そもそもこの文脈で金額を言うときには、本来は「5000円　いただきます（お預かりします)」という無助詞でよかった。しかしふだんの話しことばで無助詞でも、改まった文章語的な言い方になると助詞が使われることがある。

「ぼく先週日曜日新幹線乗って京都行っていもぼう食べてきた**よ**」は、作文に書くとしたら「ぼく**は**先週**の**日曜日**に**新幹線**に**乗って京都**に**行っていもぼう**を**食べてきました」になる。

「5000円＿いただきます（お預かりします)」も金額のあとに何か助詞を入れたくなる。本当は「**5000円を**」でいいのだが、助詞「から」は機能が広いので、計算の出発点と考えて「**5000円から**」を使ったと考えられる。

解答

○「5000円を　(お預かりします)」
△「5000円　(お預かりします)」
×「5000円から　(お預かりします)」

9-3 マニュアル敬語③「ご注文のほう」

どれが正解?

1.「ご注文は」
2.「ご注文のほうは」

「〜のほう」も非難される。本来は方角をさす言い方を、物などに使って、「コーヒーのほう」とか「ご注文のほう」などと言う。昔「消防署のほうから来ました」と言って消火器を売りつけたという事件があった。ぼかし表現・あいまい表現として、漠然とした方向を示すのは、古来の（また世界に広い）傾向で、敬語の様々な面に表れる。「〜のほう」を使っている若い人たちによると、一つひとつの単語の敬語的な言い方を覚えずに丁寧さを表せる点が、便利なのだそうだ。

文化庁（2003）では「お会計のほう、1万円になります」について聞いているが、「気になる」が5割で、文化庁（1997）の3割より大幅に増えている。

さらに「**ぼかし表現・あいまい表現**」と言われるものが日本語ではよく使われることが、以前から指摘されていた（2-1参照）。「三つほどください」とか「一応学生やってます」「〜などしてます」「お茶とかどう？」の類や、「〜っぽい」「〜的な」「〜入ってる」「〜系」などの若者ことばを含めて、最近ことに目立つと言われる。これも、相手に単刀直入に結論を押し付けないという意味では、聞き手に配慮した表現で、敬語の周辺部にあたる。広い意味での敬意表現・待遇表現と言っていい（終章2参照）。

「～のほうが」は、比較の意味で使われる。「～のほう」を省いた「～が」と同じ意味である。「こっち【のほう】がよい」「夏【のほう】が好きだ」などである。ここでの「のほう」は、「が」の意味を細かく規定するために付け加わった。「～のほうは」も、助詞「～は」を補強するために付いたと、考えられる。

助詞に補助的要素を付けて意味を細かく示すのは、他にも例がある。「で【もって】、【のこと】を、を【ば】、に【おいて】、に【対して】」など。近代日本語において、文の意味を正確に誤解なく伝えるために発達した手段である。

解答

○「ご注文は」
×「ご注文のほうは」

9-4 マニュアル敬語④「になります」

どれが正解?

1.「トーストになります」
2.「トーストでございます」

「こちら、ご注文のトーストになります」は、生のパンとトースターを出すのなら正しい言い方である。テーブルの上でトースターのスイッチを入れれば、パンが焼けて、「トーストになった」と喜べるわけだ。

ただし「ヨーグルトになります」は、半日待てばミルクがヨーグルトになるという意味で使っているのではない。だから誤用と騒がれるのだ。

ただ「になる」には「にあたる」という用法もある。結婚式の紹介で「こちらの方がおじになります」のように、「にあたる」の意味でも使う。別に結婚によって血縁関係が変わるためにおじに「なる」わけではない。

Googleで用例を探したら簡単に見つかった。「父の弟、私の叔父になるのですが」「親が兄弟同士だと子どもにとっては、・・・向こうの子どもは従兄弟になるわけですが」「知人といってもいちおう恩師になるのかな」などだ。これは「変化する」の意味ではない(もっとも手元の辞書にはこの用法は載っていない)。「になる」は、接客関係でさらに意味分野、適用範囲を拡大したのだろう。

この言い回しは、「〜である」「〜です」よりも、柔らかい言い方だ。「閉店は何時ですか」に対して「7時〜」と答える文脈だが、学生へのアンケート調査の結果では、「〜です」「〜でございます」にくらべて、「〜になります」は「柔らかい」「丁寧」「好感がもてる」のだそうだ。

とはいえ、ファストフードの某チェーン店で禁止したほどだから、よく非難される言い方である。使わないように用心するほうがいい。

一般に長いほど丁寧にひびくとしたら、二つの理由がある。一つは、敬語一般形を使えば前後に付け加わるから長くなること、もう一つは「使用頻度数と語の長さは反比例する」(よく使われることばは短くなる)という言語の**経済の原則**が働いたためである(8a参照)。

解答

×「トーストになります」
○「トーストでございます」

マニュアル敬語⑤

9-5 「よろしかったでしょうか？」

どれが正解？

1.「禁煙席で　よろしいでしょうか？」
2.「禁煙席で　よろしかったでしょうか？」

マニュアル敬語として非難される言い方に、「**よろしかった**でしょうか」というのがある。ファミリーレストランなどで、入ってすぐに「こちらの席で**よろしかった**でしょうか」などというものだ。座ったあと、窓際か禁煙席かこどもがうるさいかなどの条件を考えたあとだったら、「よろしかっ**た**」かと聞かれてもいいのだが、座る前に言われると、抵抗を覚える。

ファミリーレストランなどでは、注文をとったら最後に確認する。そのときの言い方は、「ご注文は以上で**よろしかった**でしょうか」などで、「よろしかった」を使う。これを全体に応用したという説がある。

「よろしいでしょうか」でなく、「た」を付けることについては、**方言起源説**がある。NHKでは世論調査の一部分として「よろしかったでしょうか」の全国の使い方を調べた。北海道と東海地方でよく使われていることが分かった。関東、ことに東京付近には遅れて入ってきたようである。

もっとも某ファストフードチェーンでは2003年に禁止したから、これからどうなるか。

日本語の仮定表現で、「もし明日でよかったら」のように、未来のことであっても過去形にあたる「た」を使う。英語やフランス語・ドイツ語でも仮定形・条件形などと言われる、過去形と似た形を使う。丁寧に言い表すために、直接的な指示を避けるという傾向の現れである。

敬語は人生の３段階で身につく。**家庭・学校・職場**である。しかし家庭内で敬語を使うことはなくなりかけた。

学校の教室では、丁寧語のデスマス体を使うことが要求される。部活などで先輩に基本的な尊敬語・謙譲語を使いはじめるが、先生にはあまり使わない。

マニュアル敬語は、家庭や学校で敬語が実用として使われなくなったことを背景に、職場でのサバイバルのための簡略化された敬語として登場した。決まりきった必要最低表現だけで、従来の敬語と基準が違う。その代わり投資対効果の高い言い方である。敬語を高度に使いこなす能力が要求される社会人としての直前の状況に、効率的に対応できる。

解答

○「禁煙席で　よろしいでしょうか？」
×「禁煙席で　よろしかったでしょうか？」

9-6 情報の共有と敬語「～じゃないですか」

どれが正解？

1.「4月1日生まれじゃないですか」
2.「4月1日生まれなんですけど」

「私って4月1日生まれじゃないですか」のように、文末を下げて言う話し方は、よく非難される。相手が知らないことを切り出して、話を続けるときに言う。本来は相手と情報を共有するために、

「私って4月1日生まれなんですけど」

のように言っていた。

典型的な敬語や、その周囲の待遇表現まで考慮に入れると、さらにその外側に似たような色彩の、周辺的領域が広がっていることが見えてくる（終章2参照）。ことばの丁寧さに関わる様々な現象である。

「～じゃないですか」を相手の知らないことについても使う現象は最近のことだ。これは相手の当然知っている百科事典的知識について使うのは許される。「年末はどこも込むじゃないですか」「ゾウって鼻が長いじゃないですか」など。また「広告では3割引って書いてあるじゃないですか」「徒歩5分って書いてあるじゃないですか」などのように、相手が知っているはずのことを問い詰める

ときにも「じゃないですか」を使う。しかし自分しか知らないことについて使うのは、抵抗がある。失礼な感じを与えるのだ。これは**情報の共有**と関わって、広い意味の丁寧さに関係する現象だ。

文化庁（1997）の世論調査で「寝る前に歯を磨くじゃないですか、その時に・・・・」を言うかを尋ねている。「使う」は1割で、主に10代と20代が使うだけだった。文化庁（2004）の報告では「使う」は2割に増えた。しかし、「唐突な印象」を与えるもので、まだ一般には受け入れられていない。

我々が話を運ぶ際には色々なことに配慮する。挨拶があり、前置きをしてから、本題に入り、しめくくりにあたることを言ってから、最後の挨拶をして終える、という順番もある。挨拶や前置き部分があまり長いのは嫌われるが、ないのはまた唐突な感じを与える。これも丁寧さに関係する。また、何か相手に頼むときには、理由をいうほうが丁寧に聞こえるという研究もある。これは聞き手と同じ立場に立つ（情報の共有）という現象とも関係がある。

解答

×「4月1日生まれじゃないですか」
○「4月1日生まれなんですけど」

9-7 最近見られる言い方①「～せていただく」

どれが正解？

1.「司会を　つとめさせていただきます」
2.「司会を　つとめます」

「司会をつとめさせていただきます」のような言い方はよく耳にする。

「休業させていただきます」

のように書くことが、関西から東京に広がったのは1950年代らしい。最初は抵抗があったようだが、「勝手に休みやがって」ととらえがちな人には、つつましやかに許可を求める風の表現は、徐々に受け入れられた。

この用法を広げると

「午後１時から営業させていただきます」

が登場することになる。休むのと違って営業することについては、別に利用者が困るわけではないし、許可するわけでもないので、やや抵抗があった。しかしもう広がってしまって、今とやかく言う人はいないだろう。

「司会をつとめさせていただきます」

のような表現も、出てきた当初は変だと言われたが、今は、抵抗感が薄れたようだ。**敬意低減の法則**と似て、用例が少しずつ広がると、さらに抵抗感が薄れて、拡大傾向をたどる。

　これらは「相手側の許可（恩恵）を得て・・・・することを許してもらう」ととらえる点が、普通に言う敬語と違う。

　「～せていただく」のほうが従来の謙譲語「お～する」より守備範囲を広げている。まず理論的にはすべての動詞に付けられて、単純だ。「～せていただく」はこのような背景をもとに進出してきた言い方だ。さらに広がっているのは、便利だからだ。しかし、「～せていただく」の問題点は、適切な文脈、場面で使うかだ。相手から何らかの恩恵を受ける場合は受け入れられるが、そうでない文脈では抵抗がある。9bで述べるような複雑な使用条件がからむ言い方は、簡潔で効率的な伝達には不適切と言える。

　従来の敬語が地位の上下に従って使われるのに対して、「～せていただく」は恩恵の有無に従って**左右関係**で使われることが特徴的である。

解答

△「司会を　つとめさせていただきます」
○「司会を　つとめます」

9b「〜せていただく」の使用条件

NHK（1987）の調査では、「アナウンサーが『今日の座談会をこれで終わらせていただきます』」ということについてだが、東京、大阪とも「自然だ」が6割だった。「丁寧だ」など肯定的答えが3割で、この文脈ですでに市民権を得ていた。

10年後の文化庁（1997）では、「させていただきます」を使った様々の文例をあげて、「気になるか」を尋ねている。国民全体で見ると「気になる」人はほとんどいないが、文脈によって割合が違う。「ドアを閉めさせていただきます」と「この商品は値引きさせていただきます」は2割近くいるが、「会議を終了させていただきます」「明日は休業させていただきます」のように相手の利害と関係しそうな場面の用法は1割以下にすぎない。

文化庁（1999）では「誠に申し訳なく、深く反省させていただきます」についても尋ねている。「気になる」のは4割である。全体としてはもう国民に浸透したと見てよい。「気にならない」は、どの言い方でも、若い世代（20代から30代）で多いので、将来増えるだろう。

文化審議会（2007）「敬語の指針」では、「〜（さ）せていただく」の様々な用例を分析して、次の場合なら使っていいとしている。①相手側または第三者の許可を受けて行い、②そのことで恩恵を受けるという事実や気持ちのある場合。

しかし個人の許容度が違うという指摘になっている。

「〜せていただく」の受恵という用法の限定は、以上のように、実際にはゆるやかになり、かなり自由に使えるようになった。文脈によって、不自然な言い方を耳にすると抵抗感を覚えるだろうが、それはすでに謙譲語として地位を確立した「お〜する」などと同じことなのだ。第1部でふれたように、そもそも謙譲語自体が、限られた場合にしか使われない、限定された言い方なのだ。

「〜せていただく」という**受恵表現**の増加は、実は敬語の発想の根幹に関わる。従来の敬語の主流概念は、相手や話題の人物を高め、そして自分を低めることであって、目上・目下、地位の上下と結びつく設定だった。ところが新しい受恵表現は、「いただく」を使って、平等な相手との恩恵のやりとりの関係の形をとる。つまり場面やとらえ方が変わればお互いに立場が交替しうるような**左右関係**とでもいうべき形をとっている。

受恵表現は広がりつつある。「〜と考えさせていただいております」などは謙譲語Ⅱとそっくりな用法を発達させている（終章3参照）。尊敬語の使い方で所有傾斜が働くのと似た傾向がみられる（3-9、4c、終章4参照）。

9-8 最近見られる言い方②「サ入れことば」

どれが正解？

1.「歌わせていただきます」
2.「歌わさせていただきます」

「歌う」ことを「させる」のは、「歌わせる」が正しい日本語。「歌わさせる」は20世紀末期に広がった誤用である。「さ」が余分に入るので、「サ入れことば」、「サ付きことば」といわれる。

文化庁（1997）で「させていただきます」の使い方について「気になるか」を尋ねている。

「あしたは休まさせていただきます」

「きょうは帰らさせてください」

「担当の者を伺わさせます」

の三つの例文である。国民全体で見ると、「気になる」人は３割から４割である。とくに東日本に気になる人が多い。文化庁（2003）では「あしたは休まさせていただきます」について追跡調査をしているが、「気になる」が大幅に増えて、６割近くになった。

9-7の「〜せていただきます」より「気になる」割合が多いのは、「さ」が余分なためである。上の三つの言い方は文法的には五段活用動詞で、本来「休ませて、帰らせて、伺わせて」で十分なのだ。ところが一段活用動詞やサ行変格活用動詞だと「閉めさせて」「休業させて」のように「させて」が多く使われることから、それにそろえて、「さ」を入れたのだ。

9-7のように「ていただく」を導入したのはいいが、その前に付く言い方の部分については、東日本風の「休ませて」と関西風の「休まして」、さらにサ入れにした「休まさせて」「休まさして」が混在することになった。それぞれで国民の受け入れ方が違うので、使うとき（ことに書くとき）は注意が必要だ。

なお「サ入れことば」の「歌わさせて」のあとに様々な言葉を付けて、受け入れられるか試した調査がある（陣内1998)。関西の大学生の場合は、

「先に歌わさせて＋いただきます」は、ほぼ全員違和感なし。この言い方が関西から広がったためもある。

「先に歌わさせて＋ください」は違和感半数。

「先に歌わさせて＋くれない？」は、違和感が多い。

「先に歌わさせて！」だとOKは2割だけだった。「サ入れことば」は、「＋ていただく」の文脈から広がりつつある、ととらえられる。

解答

○「歌わせていただきます」
×「歌わさせていただきます」

9-9 身内への呼びかけ・敬称

どれが正解？

1.「母は　おりません」

2.「お母さんは　いません」

よその人が訪ねてきたときに、母親が留守だったら、こどもはどう答えるべきだろうか。

1.「母は・・・」と

2.「お母さんは・・・」のどちらがふさわしいか。

「身内に言及するときは敬語を使わない」という原則に従って、「母は・・・」が正しい。しかし幼いこどもにはそこまで要求しないようである。

しつけ、育ちのいい人は、中学生か高校生の段階で、よその人に向かっては

「父は（または母は）今おりません」

のように言わされるはずである。

「お父さんは（またはお母さんは）いません」

のような言い方は、こどもっぽい言い方だった。

厄介に思えるが、これが近代敬語の基本で、話題に出た人よりも面前の話し相手に配慮するという行動の、表れである。今いない人に敬語を使うのは、目の前にいる人にとっては、失礼にひびくのだ。この本の最初のほう

で、謙譲語と尊敬語の使い方を見たときに、会社の中の人か外の人かを重視すると指摘したが、その基本が家庭のウチとソトとで呼び方を使い分ける現象にある（1-2、3-5、3a、3c、9-10参照）。日本語の近代敬語の基本にあたる現象だが、近頃様子が変わってきた。

いつ「母」に切り替えるかについては、長年にわたる調査結果がある。高校1年生くらいが切り替わる時期らしい。ただ東西の地域差があり、また場面による違いもあって、先生に向かってだと、高校・大学で「母」に切り替わるが、友だちに向かってだと、「お母さん」を使い続ける人が多い。

この「ハハ」という言い方は、実は身内への動詞の敬語を控えるという、もっと大きい敬語の問題に結び付く（3-4参照）。その習得はさらに遅れる。会社内でも入社後はじめて使い方を身に付けるものも出てくる。アルバイト先で客向けにマニュアル敬語を習得し、社内研修で敬語の使い方を改めて身に付けるのが、昨今の風潮のようである。

解答

○「母は　おりません」
×「お母さんは　いません」

9-10 会社関係の呼びかけ・敬称

どれが正解？

1.「鈴木さんは・・・」
2.「鈴木は・・・」
3.「鈴木課長は・・・」
4.「課長の鈴木は・・・」

社外の人に向けて話す場合の言い方である。家庭でよその人に向かって「母は・・・」と言いかえるように、会社では社外の人に向かって「鈴木は・・・」のように言いかえる必要がある。

会社に入って社会人としてまず身に付けるべきは、「社内敬語」である。自社（弊社）と他社（御社・貴社）の区別を明確にし、ウチとソトとを峻別することが要求される。

社外への敬語について、文化庁（1998、2005、2006）でくりかえし尋ねている。「会社の受付の人が外部の人に、自分の会社の鈴木課長のことを話す場合」の呼び方である。会社の受付が外部に言うときには、「鈴木は・・・」と言うべきだが、1998年には約5割が「鈴木は・・・」で、関東地方、30代に多い。2005年には約6割に増えた。その理由は「身内に敬称を使うのは良くないから」が多い。一方「鈴木課長は・・・」と答える人もいて、1998年には約4割だったが、2005年には約3割に減った。その理由は「身内でも敬称を使ってよいと思うから」である。「鈴木さん」も5％あり老年層に多い。

ところが次の年（2006）に選択肢に「課長の鈴木は・・・」を増やしたら、とたんに新しい選択肢を選ぶ人が3割近くに増えて、「鈴木は・・・」が4割、「鈴木課長は・・・」が3割弱に減った。適切な言い方が求められていたのだろう。

9-9で前述のように、家族については「お母さん」と言うか「母」と言うかについて東西の地域差がある。会社の中では、関東や近畿という近代的な会社組織の普及した地域に「鈴木は・・・」が多い。近代会社組織の敬語の使い方は、今全国に普及している最中らしい。

「課長の鈴木は・・・」が正しい敬語の模範である。大学生としては許された敬語の誤用が、会社ではきびしく咎《とが》められる。

解答

×「鈴木さんは・・・」
○「鈴木は・・・」
×「鈴木課長は・・・」
○「課長の鈴木は・・・」

9-11 病院・学校での呼びかけ・敬称

どれが正解？

1.「田中は・・・」
2.「田中先生は・・・」
3.「田中教諭は・・・」

家庭と会社で、よそに対しては敬語を控えるという傾向は、他の領域にも及んでいる。「先生」と呼ばれていた人は昔から別格扱いだったが、近頃は会社員などと同様に扱うべきだという考えが広がりつつあるようだ。

文化庁（1998）では、学校の先生が同僚のことを話す場合と医師が同僚の医師のことを話す場合について、尋ねている。ともに「○○先生は」でいいという答えが8割以上を占める。文化庁（2005）でもほぼ同様の数値である。つまり「母は」とか「鈴木は」のように身内への敬語を控えるという傾向はわずかだった。ところが次の2006年に選択肢に「田中教諭は」と「木村医師は」を増やして調査したら、とたんに新しい選択肢を選ぶ人が増えた。学校では「田中先生は」が6割に減り、「田中教諭は」の2割に流れ、病院では、「木村先生は」が5割に減り、「木村医師は」の4割に流れた。適切な言い方があれば、敬語を控えた言い方を使ってほしい気持ちになるのだろう。

病院では、逆方向で「患者様」と呼ぶ動きがある。医者と患者の関係が以前のような露骨な上下関係でなくなったことが、呼び方にも反映されているのだ。診療そのものも改善されることを期待しよう。

文化審議会（2007）「敬語の指針」では、学校の場合を取り上げて、「同僚の田中教諭について言うとき」は「田中はおりません」を推奨している。世論調査では実際の使用者はわずかだったので、理論先行型である。2006年の調査結果の「田中教諭は」という選択肢が考慮に入る前の文章だろう。

教師同士は他の職場と違って、お互いに「○○先生」と呼びかけたりする。校長・教頭・主任などの職階はあるが、基本的には相互に平等（学校外の世界と違う）という意識があるのだ。

学校は今様々な問題を抱えている。いきなり一般企業並みの「田中は・・・」という呼び捨てが普及するとは思えない。それに電話をかけた保護者がとまどう可能性がある。

以上は呼称についてだが、動詞についても「いません」「おりません」の使い分けに変化が見られる。

解答

△「田中は・・・」
△「田中先生は・・・」
○「田中教諭は・・・」

9-12 接客での呼びかけ・敬称

どれが正解？

1.「お名前様を　いただけますか」
2.「お名前を　いただけますか」
3.「お名前を　うかがえますか」

相手に関するものに「お」を付けるのは、尊敬語の「お」としては基本的な機能だから、相手のプライバシーまたは尊厳に関わる「名前」については「お」がよく使われた。「お」では足りなくて、あとに「様」を付けたのが「お名前様」である。

「お名前様を書いて・・・」は接客業で耳にする。様々な類似表現があって、「お名前様ちょうだいしてよろしいですか？」「お名前様（を）ちょうだいできますか」「お名前様をお聞かせください・・・」とも言う。

「お名前をうかがえますか」または「お名前をいただけますか」が本来の言い方で、英語の

May I have your name, please?

が影響したのかとも考えられる。

これらとくらべると「お名前を教えてください」や「お名前は？」はいかにも直接的だという印象がある。

何にでも「様」を付けるわけではないので、丁寧すぎるという批判を受ける。続いて「ご住所様」と言わないことから見ても、例外的な使い方なのだろう。

類例はある。ややこどもっぽいが「お日様」「お月様」と言い、「様」が形を変えた「おかみさん」があるので、「お」と「様」で前後（上下）を囲むのは、それほど異様ではない。

京都で「お豆さん」「おくどはん」と言い、大阪で「あめちゃん」「おえらいさん」と言うのも思い起こされる。

「てんぷら定食様はどちらのお客様でしたでしょう」なる用例も1978年に敬語の本で報告されている。食べものに敬意を表しているようにもとれるが、第2部（4-6、4c）の所有者敬語と関連する。

解答

×「お名前様を　いただけますか」
○「お名前を　いただけますか」
○「お名前を　うかがえますか」

9-13 「方・人・もの」の使い分け

どれが正解?

1.「私　作る人」
2.「私　作る者」

以上であげた動詞や形容詞・名詞の敬語にからんで、敬語に密接に関わる現象がある。「方、人、もの」の使い分けである。

「私、作る人、ボク、食べる人」は、ハウス食品、シャンメンのCMだが、男女差別につながると「国際婦人年をきっかけとして行動を起こす女たちの会」からクレームがあり、1975年10月に放送が打ち切られた。「男は仕事、女は家事・育児という従来の性別役割分業をより定着させるもの」という主張だった。

しかし、「私」が自分を「人」と言っている部分は問題にされなかった。自分を「人」と表現するのは、おかしい。

本来は次のような関係が成り立っていたからだ。単純化して表すが実際には交差する組み合わせも可能だ。

～とおっしゃる	方	尊敬語
～という	人	丁寧語
～と申す	者	謙譲語

だから自分（の側）について言うときは「〜と申す**者**が代わりに参ります」のように表現するのが望ましい。最近は「うちの**人間**」のように言うこともある。

この場合は「者」であって「人」は使えない。

「〜という**人**が代わりに参ります」

と言ったら、他社の人（しかも目上でない人）が来ることを意味する。とは言え、コマーシャルの表現を変えて、

「私　作る者」

も不自然な感じだ。

一方で「作業員の方」「ヤジ馬の方」も変だ。文化庁（1999）では看護婦（当時の質問文のまま）が「加害者の方がお見えになりました」と言ったときの感じを尋ねている。「看護婦の立場なら、この言い方でよいと思う」が4分の3を占める。鷹揚な態度の人が多いのはありがたい。

基本名詞であって、よく使われる「人」ということばにまで、敬語がからんで、社会関係を考えないと使えないわけだから、日本語は難しい。

例題にした表現は、「私　作る係（または役目）」のように、別の表現におきかえるしかなさそうだ。

解答

×「私　作る人」
△「私　作る者」

9-14 丁寧さの釣合い

どれが正解？

1.「ただで　ございます」
2.「無料で　ございます」

「ただでございます」は、文化庁（1996）で取り上げられた例文。誰かが耳にして不自然だと思い、国民の受け取り方を調べたのだろう。

「ただでございます」という一続きの表現をGoogleで検索すると、わずか数百例。ただし、国会議事録の速記でも出るので、しかるべきときに使う人が確かにいるのだ。

国会の発言では「贈与の分はもちろんただでございますが」など、けっこう多い。これは確かに「無料」とは言いかえにくい。

しかし「でございます」という言い方を使おうと心がけるほどの人なら、それにふさわしい様々な日本語を使いこなすべきである。

文化庁（1997）の結果では、「イヤホンの使用はただでございます」は、「気になる」と「気にならない」が相半ばしている。

なお「だ」とか「です」を使う文体なら、「ただだよ」「ただですよ」のように、「ただ」でも問題ない。「でございます」という特別に丁寧な文体で話すときには、単語もふさわしいものを選ぶ必要があるという典型と言ってよい。

ここではただ1例だけをあげたが、日本語の単語には、「デゴザイマス体」と結びつきやすい単語とそうでない単語がある。接客用語として、「すぐ」は「ただちに」「さっそく」に言いかえ、「ちょっと」は「少々」に言いかえるべきだとされ、新入の店員は訓練を受ける。ほかに「いま」→「ただいま」、「あとで」→「のちほど」、「わかりました」→「かしこまりました」「承知いたしました」、「すみません」→「恐れ入ります」「申し訳ございません」など、様々ある。敬語指導書の中にはリストがあるものも見つかるが、国語辞書で、個々の単語について記してあるのは、未見である。奇妙なことに和英辞典には言葉の丁寧さについて、これに近い注記をほどこしてあるものもある。外国人には必要な情報なのである。

解答

×「ただで　ございます」
○「無料で　ございます」

終章 敬語の分類

終章1 文化審議会の5分類案

文化庁の文化審議会は2007年2月に「敬語の指針」を答申し、「尊敬語」「謙譲語」「丁寧語」の三つに分類していた敬語を、五つに分類する案を出した。

従来の敬語3分類との違いを**表1**に示そう。**謙譲語**をⅠとⅡに細分し（2a、3a参照）、丁寧語と美化語を並べたところが違う。対照のために、敬語を二つに分ける考えも紹介しよう。一般になじんでいないが、素材敬語と対者敬語への基本的2分類である。

「**素材敬語**」は「話題の敬語・言及敬語」と言いかえてもいい。話題に登場する人物などに言及するときの敬語で、面前の話し相手とは限らない。もともとは、恐れ多い存在を口にするときに使われはじめたもので、タブー（禁忌）を起源にする。「尊敬語・謙譲語」がこれにあたり、古代には神仏や天皇に言及するときに使われた。アジア各地の「王侯敬語」もこれにあたる。

これに対し、「**対者敬語**」は「聞き手への敬語・呼びか

■表１　敬語の新しい５分類（「敬語の指針」から作成）

基本的２分類	伝統的３分類	新５分類
素材敬語	尊敬語	尊敬語
	謙譲語	謙譲語Ⅰ
		謙譲語Ⅱ
対者敬語	丁寧語	丁寧語
		美化語

け敬語」であり、その場にいる人に語りかけるときの敬語である。現代日本語の丁寧語「です・ます」が典型である。またヨーロッパの諸言語で、目の前の人に「あなた」にあたる２人称代名詞で２種類を使い分けるものもこれにあたる。

終章2 敬語の中心と周辺

文化審議会（2007）の「敬語の指針」の後半は、「Q＆A方式」で計36題。「使うときの基本的な考え方」「適切な選び方」「具体的な場面での使い方」の3項目に分け、基礎知識から個別事例までを具体的に例示した。

基本的な考え方では「自分よりかなり年下の取引先の会社の若い社員などに敬語を使う必要があるのだろうか」の質問に、「取引先など異なる組織にいる相手であれば、年齢にかかわらず使われているものである」と答えるなどの解説をしている。またネクタイへのほめ言葉を言っていいかまで取り上げている。

類書、敬語指導書コレクションでは、ビジネス表現や文書の書き方、お辞儀の仕方、上座・下座などにもふれるものがある。国家事業である「敬語の指針」はそこまで踏み込みかけている。

しかし本書では敬語、ことに動詞の敬語の作り方に焦点をしぼった。中心部分を明らかにすれば、他は応用できて、見当がつくからである。

いわゆる敬語は中心部分から周辺部分へと段階的に拡散する様相を示している。

図3に示すように、尊敬語・謙譲語が敬語の一番中心的な典型的部分で、丁寧語はその周辺にある。さらにその外側に、ことばづかい一般がある。**ぼかし表現・あいま**

い表現なども、この外側に位置づけられる（9-3参照）。これは文化庁（1997）と文化庁（2005）の調査で、敬語の具体例を指摘した項目でも、裏づけられる（井上1999）。

本書では中心に近い部分に重点をおいたことになる（4-8、9-6参照）。

図3　敬語の中心と周辺

終章3　謙譲語Ⅰ・Ⅱの問題

文化審議会（2007）の「敬語の指針」で、個々の使い方に関わるという意味で重要なのは、謙譲語Ⅱという分類を設けて、「参る」「申す」「いたす」「おる」などの、謙譲語本来の用法から広がった（相手に対して丁重に述べる）使い方を認めたことである。

しかし「参る」は依然として「私が貴社に参ります」のときは謙譲語Ⅰとして用いられているし、「いたす」「申す」も謙譲語Ⅰの用法を失っていない。この関係は次の図で表せる。つまり謙譲語Ⅱは、謙譲語Ⅰと重なる用法を保ちつつ守備範囲を広げている。単語自体を分類するのは、用法の広がりを説明するには向かないのだ。

用法	謙譲語Ⅰ	謙譲語Ⅱ
向かう先の人物を立てて述べる	○	○
相手に対して丁重に述べる		○

さらに言うと、実は謙譲語Ⅰにとどまっているとされている語（2a参照）の一部も謙譲語Ⅱに近づきつつある。謙譲語Ⅰの「**うかがう**」は謙譲語Ⅱの「参る」と用法が違うと書かれているが、その「うかがう」が、会議で「来月から施行されるとうかがっております」というふうに使われるのは、別に情報を与えた文書に敬意を示してい

るのではなさそうだ。改まった場面で、できる限りの謙譲語を使っていると、解釈するほうがよさそうである。「実家の親のところにうかがっておりまして」というのも、親に配慮して「うかがう」を使ったわけでなく、面前の相手に配慮したと、とらえられる。

また謙譲語Ⅰの「**拝見する**」の「近頃の新聞を拝見しておりますと」なども、謙譲語Ⅱの用法になりかけている。文化審議会の「指針」が世に出た段階で、すでに別の語で変化が進んでいるのである。

「**お（ご）・・・いたす**」は、文化審議会（2007）「敬語の指針」でも、謙譲語Ⅰと謙譲語Ⅱの両方の性質を併せ持つとした。「お（ご）・・・する」は謙譲語Ⅰで、「いたす」は謙譲語Ⅱに分類されるからである。

丁寧語の細分として**美化語**を認めるときも、「お酒」「お料理」という語が、相手の提供する「酒」「料理」を指すときには尊敬語として使われるわけだから、単語自体を分類することは、矛盾をもたらす（4f、8-8参照）。

前著『敬語はこわくない』では、尊敬語・謙譲語が丁寧語と連動して使われることから、「**敬語自体の丁寧語化**」ととらえてみた。尊敬語については、**所有傾斜**の考え方が適用されそうだ。謙譲語についても同様の所有傾斜メカニズムが働いていると考えられる（3-9、9b、終章5参照）。自分と相手の関係を言い表すときに、使いやすいものから、尊敬語や謙譲語にするのである。

終章4 敬語3分類の発展

この本では、オーソドックスな「正しい敬語」に○を付けて、それが身に付くような書き方をし、それに対立する新しい言い方には△や×を付けた。しかし、新しく出てきた言い方、使い方には、それなりの論理がある。日本語の敬語は1000年以上にわたって、登場人物重視から**相手（聞き手）重視**に変わってきた。

2007年の文化審議会の敬語5分類は、その動きを踏まえたものである。ただし現代敬語のとらえ方は不十分である。説明のために、次の**表2**の左側に従来の敬語3分類を掲げ、その右に新敬語または乱れと言われる現象を並べた。

謙譲語Ⅱは**謙譲語Ⅰ**から派生したもので、ことばづかい自体を丁寧にひびかせる働きをする。**美化語**も丁寧語と似た機能を持ちはじめたもので（8-9参照）、様々なことばに「お」を付け、ことばづかいを上品にする。古典的な敬語3分類から言うと、**尊敬語**についてのみ新しい用法が欠けているようにみえる。

これまで誰も名前を与えなかったから、一まとまりの動きがつかめなかったのだ。「**新尊敬語**」または「**尊敬語過多**」と呼んでみよう。具体的には二つある。まず「**第三者敬語**」は、話題に出た人物に過度に敬語を使う現象で、聞き手に最大限の丁寧さを表そうというときに出る（3c、

4d参照）。社長と話していて、話題に出た部長に尊敬語を使いすぎるのが典型である。また「**所有者敬語**」（3-9、4-6、4c、4e、9b参照）というのは、敬語を話題の人物以外に関係者や所有物にまで広げる現象である。「かわいいおぼっちゃまがいらっしゃいます」は人間だからいいが、「お宅の犬はよく芸をなさるんですね」には、抵抗を覚える人が多いだろう。これらを入れると、現代敬語は、6分類に向かっているように見える。しかし3分類を保って、それぞれが新しい用法を発達させつつある、と考える方が、単純で覚えやすい。

またマニュアル敬語は、その外側に位置する（9a、9-1～9-5参照）。全体として、図の下のマニュアル敬語に向かって、敬語の重心が移りつつあるのだ。

表2　敬語変化の動向

従来の敬語	新敬語・乱れ	
謙譲語Ⅰ	謙譲語Ⅱ	自分側
尊敬語	[新]尊敬語[過多] 第三者敬語 所有者敬語	相手側
丁寧語	美化語	相手　ものごと
	マニュアル敬語	

終章5 敬語自体の丁寧語化

敬語変化の流れは現代敬語の様々な面に現れている。**聞き手重視**・対者重視の傾向と言ってもいいし、**左右関係**・親疎関係の重視と表現してもいい。要するに敬語の使い方自体が**丁寧語**に近くなっているのだ（4d、4e、6a参照）。

聞き手・話し相手を重視することによって、敬語用法の拡大が見られ、**敬意低減の法則**が働いて、のちには当たり前の言い方になる、これが近代の敬語変化の大きな流れと言える。その変化は、最初は「誤用」として現れる(8-6参照)。

敬意低減の法則は、心理的効果低減の傾向として、人間の心理の様々な面に共通して現れる。

大きくとらえると、ことばの歴史には繰り返しが多い。敬意低減の法則はいつも働く。別の言い方が導入されはじめると、それまでの言い方の丁寧さが落ちたように感じられて、新型の普及にさらに拍車がかかるのだ。

現代敬語を見るには、過去の敬語変化を考慮に入れると、多くの面が明らかになる。

終章6 敬語と服装の比喩

敬語の歴史的変化の流れを見ると、どの言い方を採用するか迷う。このときの助けになるのが、衣服の比喩である。ことばはよく服装にたとえられる。ことばは服装と同じく自己表現の手段である。自分をどのように見せたいかを、敬語で効率的に示せる。

この本の場合の正用・誤用の基準は、礼服のみを○にしたようなものである。ちょっとくだけた格好を△にしたが、人によっては、カジュアルなプラスイメージでとらえて、まったく問題なしと考えることもある。場違いな、または失礼な、服装にあたるものが×である。

幸いなことに同じことを伝えるのにどの程度の敬語を使うかには、かなりの幅がある。敬語なしで話すと、ざっくばらんな親しみやすいという印象を与えることがある。たくさんの敬語を入れて話すと、丁寧な律儀な人という感じを与えることがある。

服装は変えようと思ったら、着替えるしかないので、１日にそう頻繁には変えられない。しかしことばは、その場その場で変えられる。ことに敬語は対人関係を変えるのに効果的である。しかもお金がかからない。

この本で学んだことは、いつも使う必要はない。ときと場合に応じて使い分けて、豊かな言語生活を送ろう。

あとがき

本書は、敬語の実用書を出したいという出版社の企画から始まった。前著『敬語はこわくない』が在庫切れになった（講談社に連絡するとオンデマンド出版で入手できる）あとだったので、後継書を目指した。類書との違いとして、何かしら具体的なデータに基づいたものを目指した。

手元に敬語指導書などのコレクションがあるが、オフィスマツオの高橋氏が、全項目を集計ソフトに入れてくれた。原則としてその数の多いほうから採用したが、戦後まもなくとは事情が違うことが分かった。最新の報告などを活用して、新しい現象も取り入れた。時代が経って、かつての誤用例が今は正用と見なされることもある。例えば「動詞＋なさい」は誤用で「お＋動詞＋なさい」が正用とされ、「お書きなさい」というべきだと言われたが、今は「書きなさい」でまったくかまわない。また「形容詞＋です」も「いいです」などはおかしいと言われていたが、今は文字どおり「いいです」。このようにすでに社会に受け入れられた言い方は、省いた。

以前の敬語指導書で非難された言い方が、今の中堅層が書いた実用書で、正しい言い方の文例にあがるほどである。その意味でビジネス関係の人の書いた実用書の中には、鵜呑みにしないように用心すべきものもある。

戦後の敬語の変化は、このように、激しい。

また実際の使用状況や世論の分かる項目を選んだ。結果的には文化庁でここ10年以上続けている『国語に関する世論調査』の項目とかなり重なることになった。

誤用の具体例については、実際に使われた例を取り上げた。実例・項目を取り上げるときには、実際の世の中での使用状況を確かめたが、以前の敬語本、指南書が書かれた時代にくらべて、調べやすくなった。インターネット（ウェブ、WWW）で、簡単に実際の用例を検索できるようになったからである。本書ではGoogleを使って、主に2006年9月から2007年1月にかけて検索した。ただしいくつかの制約がある。

まず、単純に数だけでは決められない。これまで試した結果だと、数万、数十万の用例が見つかるときには、むげに「誤用」としてしりぞけるわけにはいかない。「慣用」または「ゆれ」だろう。100例以下だと、「誤用」とみて、「世の中、間違う人が多いんだなあ」ととらえてよい。単純な「覚え違い、言い間違い」かもしれない。その中間段階で数百、数千の用例だと、判断に困る。「ゆれ」の段階なのだろう（8-6参照）。

またインターネット経由だと、口頭のみの用例数は分からない。さらに、誰が誰に言ったらおかしいかという、用法が問題になる敬語は、インターネットの用例の文脈をひとつひとつ確かめないといけない。

不注意による言い間違いなど、まれにしか耳にしない例は省略した。ある単語自体が使われないときはそのせいで用例数が少なくなる。ただしこの本では、誤用と正用がペアをなしているので、双方の語例数をくらべることによって、適切な判断ができる。

結局誤用と見るかどうかは、歴史的経緯や、理論的基準によることが多くなった。

本書冒頭で謙譲語特定形の例が多くあがっているのは、これが間違いやすく、しかもよく非難されるからである。本書後半では語例は多くなく、解説部分が多い。このあたりになると、賢明な読者は「一を聞いて十を知る」ことが可能だからである。また第3部で最近騒がれる言い回しや理論的に面白い現象も扱ったが、これらは類例が少ない。

なお本書では語源にさかのぼって説明した。理解・暗記の手助けになることを願って、である。

出版の話があったのは2005年7月だったが、何冊かの本の準備が並行していたために、全部の本の刊行が遅れた。オフィスマツオの松尾宣政氏・高橋健太郎氏およびPHP研究所の山口毅氏には、様々な要求のすべてには応えることはできず、多大なご迷惑をかけた。原稿催促は、するほうも苦労しただろうなあと、反省している。

著者

参考文献———五十音順・発行年代順

浅田秀子（2001）『敬語で解く日本の平等・不平等』（講談社）
荒木博之（1983）『敬語日本人論』（PHP研究所）
石川信子・河合かほる・堀恭子著・あさひ銀行総合研究所編（1995）『新しいビジネスマナーの本』（ビジネス社）
石坂正蔵（1969）『敬語』（講談社）
井上明美（2003）『金田一先生に教わった敬語のこころ』（学習研究社）
井上史雄（1989）『言葉づかい新風景（敬語と方言）』（秋山書店）
井上史雄（1998）『日本語ウォッチング』（岩波新書）
井上史雄（1999）『敬語はこわくない』（講談社現代新書）
伊吹一（1970）『ことばづかい特訓』（共文社）
伊吹一（1971）『敬語学入門』（新典社）
伊吹一（1975）『暮らしの中の敬語』（笠間書院）
内山みち子（1971）『ことばのエチケット』（明治書院）
宇野義方（1979）『言葉の教養』（同文書院）
宇野義方（1985）『敬語をどのように考えるか』（南雲堂）
宇野義方（1988）『敬語は恐い』（ごま書房）
宇野義方（1992）『知らないと恥をかく敬語常識集』（ごま書房）
宇野義方（1996）『日本語のお作法』（ごま書房）
宇野義方監修・日本語倶楽部著（2002）『使ってはいけない日本語』（河出書房新社）
大石初太郎（1966）『正しい敬語』（大泉書店）
大石初太郎（1971）『新版・正しい敬語』（大泉書店）
大石初太郎・林四郎（1975）『敬語の使い方』（明治書院）
大石初太郎（1975）『敬語』（筑摩書房）
大石初太郎・外山滋比古・寿岳章子・米田武・西村秀俊（1983）『新しい敬語』（小学館）
奥秋義信（1978）『敬語の誤典』（自由国民社）
奥山益朗（1972）『日本人と敬語』（東京堂出版）
奥山益朗（1976）『現代敬語読本』（ぎょうせい）
奥山益朗（1986）『ビジネス言葉の誤典』（自由国民社）
奥山益朗（1994）『正しいようで正しくない敬語』（講談社）
加藤ゑみ子（1995）『お嬢さま言葉速修講座』（ディスカバー21）
蒲谷宏・川口義一・坂本恵（1998）『敬語表現』（大修館書店）
河路勝（1992）『敬語の極意』（祥伝社）

河路勝（2000）『敬語レッスン』（NHK 出版）
木枝増一（1943）『言葉遣の作法』（大阪堂書店）
菊谷彰（1990）『話しことばに自信がつく！』三笠書房
菊地康人（1994）『敬語』（角川書店）
菊地康人（1996）『敬語再入門』（丸善）
国立国語研究所（1981）『大都市の言語生活 分析編』(三省堂)
小林作都子（2004）『そのバイト語はやめなさい』（日本経済新聞社）
小山元明監修（2005）『正しい日本語事典』（大創産業）
坂川山輝夫編著（1968）『新時代の敬語読本』（同文館出版）
柴田武（2004）『ホンモノの敬語』（角川書店）
清水省三・有村伊都子（1999）『敬語の使い方が3時間でマスターできる』（明日香出版社）
鈴木健二（1978）『敬語に強くなる本』（大和出版）
高井伸夫（1997）『思わず許す！上手な謝り方』（講談社）
田代晃二（1951）『言葉の使い方』（創元社）
辻村敏樹（1968）『敬語の史的研究』（東京堂出版）
辻村敏樹（1991）『敬語の用法』（角川書店）
角田太作（1991）『世界の言語と日本語』（くろしお出版）
中奥宏（1994）『皇室報道と敬語』（三一書房）
夏目通利（1972）『言葉と育ち』（三崎書房）
西田卿雲（1980）『言葉の礼儀作法入門』（経済界）
21 世紀の日本語を考える会編（2001）『正しい敬語で話せますか？』（ベストセラーズ）
日本語倶楽部編（1999）『そんな言葉づかいでは恥をかく』（河出書房新社）
野口和枝（1992）『敬語の使い方がわかる本』（明日香出版社）
野元菊雄監修（1998）『敬語の使い方』（梧桐書院）
橋本治（2005）『ちゃんと話すための敬語の本』（筑摩書房）
原加賀子（1993）『いつでもどこでもすぐに使える敬語の本』（大和出版）
日向茂男（1989）『いつでもどこでも正しい敬語が話せる本』（中経出版）
福田健（1988）『もう間違わない！敬語の本』（KK ロングセラーズ）
文化庁国語課（1996）『国語に関する世論調査（平成 7 年 4 月調査）』（大蔵省印刷局）
文化庁国語課（1997）『国語に関する世論調査（平成 9 年 1 月調査）』（文化庁国語課）
文化庁国語課（1998）『国語に関する世論調査（平成 9 年 12 月調査）』

（文化庁国語課）
文化庁国語課（1999）『国語に関する世論調査（平成11年1月調査）』（文化庁国語課）
文化庁国語課（2000）『国語に関する世論調査（平成12年1月調査）』（文化庁国語課）
文化庁国語課（2001）『国語に関する世論調査（平成13年1月調査）』（文化庁国語課）
文化庁国語課（2002）『平成13年度国語に関する世論調査（平成14年1月調査）日本人の言語能力を考える』（財務省印刷局）
文化庁国語課（2003）『平成14年度国語に関する世論調査（平成14年11月調査）日本人の国語力』（国立印刷局）
文化庁国語課（2004）『平成15年度国語に関する世論調査（平成16年1月調査）情報化社会と言葉遣い』（国立印刷局）
文化庁国語課（2005）『平成16年度国語に関する世論調査（平成17年1月調査）敬語・漢字・言葉の使い方』（国立印刷局）
文化庁国語課（2006）『平成17年度国語に関する世論調査（平成18年2月調査）日本人の敬語意識』（国立印刷局）
堀川直義・林四郎編著（1969）『敬語ガイド』（明治書院）
堀素子（1988）『日本語の敬意表現―英語との比較―』（城西大学女子短期大学部）
松野善弘（1970）『正しい話し方』（明治書院）
南不二男（1987）『敬語』（岩波書店）
宮地裕編（1981）『講座日本語学9巻 敬語史』（明治書院）
村石昭三監修（1992）『間違い漢字・勘違い言葉診断辞典』（創拓社出版）
頼陽子（1997）『丸覚えで使いこなす敬語の本』（日本実業出版）
NHK（1987～1995）「現代人の言語環境調査第1回～第9回」『放送研究と調査』各号（日本放送出版協会）
PHP研究所編（1998）『知っているようで知らないビジネス基本ルール120』PHP研究所

索　引

【か】

【さ】

【た】

【な】

【は】

【ま】

【や】

【ら】

【わ】

【著者略歴】
井上史雄（いのうえ・ふみお）

1942年、山形県鶴岡市生まれ。1971年、東京大学大学院言語学博士課程修了。北海道大学文学部助教授、東京外国語大学外国語学部教授を経て、現在、明海大学外国語学部教授。専門は社会言語学、方言学。博士（文学）。
著書に、『変わる方言　動く標準語』（ちくま新書）、『日本語ウォッチング』（岩波新書）、『日本語は生き残れるか』（ＰＨＰ研究所）など。

●装幀――スタジオ・ギブ（川島 進）
●装画――タオカミカ

その敬語では恥をかく!

2007年5月7日　第1版第1刷発行

著　者◎井上史雄
発行者◎江口克彦
発行所◎PHP研究所
東京本部 〒102-8331　千代田区三番町3番地10
生活文化出版部　☎03-3239-6227（編集）
普及一部　☎03-3239-6233（販売）
京都本部 〒601-8411　京都市南区西九条北ノ内町11
PHP INTERFACE　http://www.php.co.jp/
印刷所◎凸版印刷株式会社
製本所◎株式会社大進堂

ISBN978-4-569-65262-7